除霊と浄霊・日本の様々な浄霊

はじめに

もし人が自分の運命を変えることができるなら、
あるいは
未来を変えることができるなら、
どんなに楽しいかもしれません。

そのことが可能であるなら、どんなに努力しても成功させたい。
誰しも思うかもしれません。
しかし、そんなことは不可能だと誰もが思い、
誰も考えもしないのが現実でしょう。

この不可能、つまり運命を変える、
未来を変えるのを可能にするのが浄霊です。

一口に言って、運命といっても、未来といっても無限に広がります。

もし自分自身の運命を考えるならば、
人間的な形成、つまり人格に関わること、
身体に関わること、つまり病気、
目的に関わること、会社の成功、事業の成功、それに絡むお金の収得、
お金も充分にほしいという欲望に関するもの。
運命、未来を考えれば、それは限りなく数多く、
一人の人間に存在するのです。

ほとんどの人が自分の運命を
それをそのまま受け入れて変えようとしません。
それは変えることができます。

浄霊は運命も未来も変えることができるのです。

ではどのくらいできるのか。
それは浄霊のレベル、
すなわち、あなたがどれだけ浄霊の技術を学び、
どれだけ浄霊ができるかによって、
そのレベルによってできるといっても過言ではありません。

そうです。
浄霊は運命も未来も
レベルが上がるごとに、
20%、50%、１００%と変えることができるのです。
これが浄霊の力なのです。

すばらしい浄霊の世界。
しかし、これを信じる、信じないかは、

それもあなたの一つの運命の分かれ道かもしれません。
最後に一言あなたにお伝えしましょう。
われわれのこの浄霊の世界で、運命も未来も変えて
すばらしい恩恵にあずかっている人々が
数多くいるということを知っておいてください。

目次

第1章

日本のさまざまな浄霊Ⅰ

浄霊とは何か？

もし人生に浄霊という手段を取り入れることができるなら、浄霊を知らない人生に比べてどれほど違う人生になるのだろうか。その大きな意義を知っているものだけが、古来から浄霊技術を受け継ぎ、今なお静かだが、しっかりと息づかせている。

ところが、現在という時代の流れに即して、浄霊というものが少しずつ変容してきている感が否めない。

浄霊とは一体何か。

浄霊とは一言でいうと、いわゆる浮かばれない霊（まだ浄化されていない霊）に対して情けをかけ、その霊の心を明るくします。そうすることでその霊を幽界まで上げる。これが浄霊の基本です。

浄霊というのは、『霊が幽界に上がったかどうか』ということが、一つの基準となる。これは浄霊がどのような方法であろうと、その基準は同じである。

つまり、浄霊する手段がどのようなものであろうとも、霊が幽界へ上がったか、上がらな

①霊が幽界に上がったかどうか
幽界線は世界共通
②霊に対してどのような情けをかけたか
大変ダッタネ！
浄霊の成功はこの２つのポイントで決まる！

いかで、その浄霊が成功したかどうかが決定される。これが浄霊の一つ目のポイント。

では2つ目のポイントは何かというと、（これが浄霊を行う上で最も大切なことだが）幽界に上げる過程で、霊に対して『どのような情けをかけたか』である。

はっきり言って、浄霊というものはこの2つがすべてである。つまり、浄霊の成功は幽界に上げることと、情けの2つで決まると言っても過言ではない。霊が幽界に上がった時、そこで浄霊は終了となります。


昔から浄霊を行っている人たち（例えば、代々その家系が浄霊を生業として行っている人）や、基礎から習得して行っている人たち（その道の師について学んでいる人）は、「上げる」ということがどういうことを意味するか、ということを正しく理解している。

今述べた人たちは霊を幽界へ上げるとき、霊に情けをかけるからです。このことは浄霊を行うための常識以前の問題として捉えています。


ところが、現在その辺のことについて、全く知らないで浄霊を行っている人たちがあまりにも大勢いる。特にテレビ関係に出ている人たちは、はっきり言って、ほとんどそのことについて知らないように見受けられる。また、一人で勝手に浄霊ができるようになった人、いわゆる我流の人も、全く分かっていないように思う。

浄霊の意味を知らないで行っている人たちの8割から9割は、私から言わせていただくと危険である。

ただ、そのことを知らないからといって、浄霊ができないかというとそうではない。その中の一割から2割は、成功しています。

これが浄霊の世界なのである。この辺を間違えないでいただきたい。

今までその辺について話すことをいろいろな理由から逡巡してきました。

しかし、そろそろ古今より日本全国で行われている様々な浄霊方法について、どういう道程で、霊を幽界へ上げているのか。またどの辺に問題があるのか、などといったことを私なりの意見を述べてみるのもいいのではないか。そして浄霊について広く知って、理解していただきたい、というういろいろな思いから、今回あえて筆を執ることにしたのです。

趣味の会の浄霊について

さて、日本全国で行われているさまざまな浄霊方法を見ていく前に、趣味の会（用語集参照）で行われている浄霊を皆さんにご紹介したいと思います。

趣味の会では、呼び出した霊に気を送ります。その気は浄霊の気と呼ばれます。この浄霊の気を霊に対して、30分、一時間、2時間と気を送り続けるのです。

手から出た浄霊の気は、素晴らしい癒しの気を持っています。霊を癒す気が、手からすっと出て、呼び出した霊に送り続けるわけです。これによって、霊の心は次第に癒されていきます。そして霊の心が明るくなったところで、幽界に上げていく。

浮かばれない霊の心は暗い色をしています。もし、病気のために痛みや苦しんで死んだなら、あるいは人を恨んで死んだなら、その心は真っ暗です。

そこで、その霊の心が癒されるまで、浄霊の気を送り続けます。これが趣味の会で行われ

趣味の会では、呼び出した霊に
浄霊の気を送る

ている、霊に情けをかける方法です。

気を送るのは動物霊であろうと、人の霊であろうと、関係なく同じです。そうすることで、最後に、霊の暗い心が癒されて明るくなったとき、霊を幽界に上げることができるからです。

趣味の会では、払える動物霊を払ってもいい。しかし人間霊は決して飛ばしてはいけないというルールがあります。

というのは、人間霊には「情けをかけるべきだ」というのが根本にあるからです。これがここのやり方です。動物霊は飛ばしてもかまわないけれども、人間霊は決して払いで飛ばしてはいけない、ということです。

まとめると、浄霊の基本は、動物霊について払える動物霊を払いで飛ばす。人間霊は必ず幽界へ上げる。また、払えない動物霊や物霊は、人間霊と同様に幽界へ上げる。

ただし、人間霊に関しては一度幽界へ上げても、一週間か10日で必ずもう一度、現実界へ戻ってきます（落ちてきます）。人間霊が完全に幽界で安定するためには、少なくとも3回繰り返し幽界へ上げることが必要です。3回繰り返すことによって霊の影響が全くなくなります。

これが趣味の会で行っている浄霊で、私自身、これがベストの形態であると考えています。これ以上に良い方法はないのではないか、というふうに踏んでいます。

趣味の会は、今非常に盛んになってきて、この技術を習っている人が数多くいます。

誤解がないように申しておきたいのですが、今、この趣味の会で浄霊技術を学んでいる人たちは、幼少の頃から数々の修行をしてきた人とか、何らかの宗教関係者とか、霊能力のある人たちではありません。

不思議なことにそのような人は一人もいません。習っている人たちはごく普通の一般の社会生活をしている人たちであり、サラリーマンや主婦の方たちです。つまり、ここで教えている趣味の会の浄霊は、誰でもできる技術であるということを分かっていただきたい。しかもそれは普遍性をもっています。

さて、こういう浄霊を基本として、古来からどのような浄霊が日本で行われてきたのか、さまざまな浄霊を見ていきたいと思います。そして浄霊とはどういうものか、その意味はどの辺にあるのかを知っていただきたいと思います。今から話す内容が、およそ日本の浄霊のすべてだと思っていただいても差し支えないと思います。

なお、この本の内容をより深く理解するには、「除霊と浄霊」（星雲社）、「除霊と浄霊　技術編」（星雲社）を参照して下さい。

では題して、「日本全国で行われている浄霊のすべて」ということについて述べてみたい。

浄霊の原始的な形態1：人柱、人身供養

まず原始的な浄霊について。

あのきれいな女性が死んでしまったという
1つの情けがそこにある

日本で、あるいは世界では、どういう浄霊が行われていたのか。

最も原始的で残酷なのは人柱であり、人身御供です。あれは残酷な方法です。しかし、もし大切な人間が身代わりになることで、ものすごい悪の災いを収めることができるなら…。

例えば、ここに極悪非道な悪人がいるとする。どうしても悪事を止めることができない。そこであるきれいな女性が犠牲となって、池か、あるいは、海にドボンと沈ませたとする。そうすると、その悪人はどうなるか。

結論から先にいうと、きれいな女性が死んでしまったことから、その悪人は立ち直ることができるのである。

いくらいろいろな極悪非道を繰り返してきた悪人といえども、自分のために、あのきれいな女性が死んでしまったという、一つの情けがそこにはあるからです。そのため、その悪影響は収まることになる。

つまり人身御供とか、人柱というのも一つの浄霊の形態です。そういう形で収まることができるのである。

自分のために、まだ若くてきれいな女性が死んでしまったら、どんな悪人であろうとそれは心に響くし、そこまで自分のためにしてくれたという、一つの情けに訴えるからです。

ところが、ここで、もうそろそろ死ぬ間際の人間、つまり、死ぬのが明日か明後日かわからないような状態の人間を連れてきて、海にドボンと沈めたとする。それでも結果は同じかというと、そうではない。

「放っておいても、あの人間は、もうじき死ぬ運命だったのだから」ということになり、これではちょっと相手に情けで訴えることにはならない。つまり、相手の心に響かせるという感じまでには至らないというわけである。

単に人柱といえ、その考えは原始的であっても、やはり情けに訴えるという浄霊の原理がそこには働いているからです。

浄霊の原始的な形態２：病気を治す――アフリカの土人たちの踊り

次は、浄霊で病気を治す原始的な方法についてです。

例えば、ある人が病気になった。そのような場合、アフリカのまだ文明の開けていない土人たちなら、どういうことをするのか。当然、そこには薬はありません。そこで土人たちは踊りを始めます。

一人の病人を囲んで円陣で踊るのです。

病人を真ん中に置いて、その周りをグルグル、一晩中踊り続けるわけです。そんなバカなと思うかもしれません。そんなことで病気が治るはずがない。常識的にはありえないことです。

しかも「あれは、この病気だから、この踊り」、「あの病気だったら、あの踊り」という区

別はない。みんな同じ踊りです。
病気が治らなかったら2晩でも3晩でも踊り続ける。そして病気が治ったところで止める。これで病気が治るのです。不思議にも。

一体何が行われているのかというと、その原理を考えれば、これは明らかです。踊るということで、その霊に対して情けをかけているのです。
病人に対して踊るということは、実はその病気を引き起こした霊に対して、踊るということである。病気を引き起こした霊が満足したときに、その浄霊が成功することになる。つまり、それが病気の治る時である。

これは趣味の会で、霊が幽界へ上がるまで、30

分、1時間、2時間、あるいは3時間、5時間と浄霊の気を送り続ける原理と同じです。

つまり、この土人たちの踊りは浄霊の基本を忠実に行っているのである。

この方法で現にたくさんの病気が治っています。原住民による、いわゆる未開地における病気治しの踊り。これは未開地ではどこにでも、たくさん見られるものです。これも浄霊の一種と言えます。

この踊りは、その病気が治るという目的だけに絞って、たった一つの願望成就に対してのみ、踊り狂うわけです。

だから、霊がたくさんいても、病気の焦点となる霊に的確に、間違いなく情けがそこに向かうことになります。そして、グルグル踊り回り、その病人が治ったとき、その焦点となった霊は明るくなっているのです。

明るくなるということは、霊が存在している次元が変わるということです。すなわち、今までいた暗い次元からより明るい上の次元へ変わるのである。これが『上がる』という意味です。

このように上がるということは、実際に天に駆け昇るということではない。次元が上がるということです。つまり明るくなるということは、霊の今いる次元が、より明るい次元に変わることです。霊が満足するときに、上の明るい次元に上がるのです。

もちろん、土人たちはそのような浄霊の原理は何も知りません。けれど、昔からの経験に基づいて、そのように行ったら浄霊ができるというところから、土人たちは踊り続けることで、病気治療の浄霊に成功していたのです。

これは原理を知らずして行われている浄霊の一つの形です。つまり薬草やそういう類のものと違い、浄霊という一つの形態を使って、未開地で病気を治していた方法です。

それから現代に至っては、いろんな浄霊が出てきました。

それでは、情けをかける浄霊には他にどういうものがあるか。

なんと言っても、最大組織は自修団です。そこから3つの大きな宗教集団が生まれました。

祝詞《のりと》、お経を使った浄霊

この自修団というのは、立正佼成会の前身でもあり、巨大組織です。これは、もともと戸《べ》次《つき》という人が始めました。彼は、浄霊そのものについて理解していた。いかに霊を上げるかということを弟子たちにしっかり教えた人です。いわゆる、そこは正規の浄霊を行っているところです。

この自修団の「上げる」方法についてです。手段としては祝詞《のりと》を使う。またお経も使います。祝詞、あるいはお経によって霊を上げる。さらにはその霊が上がったかどうかの確認まで行っています。だから、かなり進んだ形の浄霊と言えます。

そこでは、非常に多くの祝詞を使っています。さらに、この場合にはこの祝詞を使う、あの場合にはあのお経、というように状況によって手段を変えることもできます。

自修団では祝詞を使って霊を上げ
上がったかどうかの確認まで行っている。

その関係から、過去にも、現在にも、かなり多くの浄霊関係者が出ました。

現在、信者はどのくらいの人数で、その中で浄霊をする人間がどれだけいるかは、まったく私も把握をしていない。しかし、正規の浄霊が伝えられていることには間違いありません。浄霊はそういう形で行われています。

お経や祝詞を唱え続けることによって、相手に情けをかけて、霊を上げる。そして、その霊が上がったかどうかを確認する。そして上がったら終了となる。

考えてみると、これが最もベーシックというか、基本的な浄霊の方法です。

そして、これが正規の浄霊であると言えます。

ところが、この方法では、一つ霊を上げるには早くても3カ月とか6カ月かかります。長い場合には、一年、2年かかる。そういう浄霊です。

お経を一回唱えて終わり、祝詞を一回唱えて終わり、といったそんな簡単なものでは済みません。

毎日、祝詞を唱え続ける。そういう努力によって、これだけの情けをかけたということで、相手が癒される。自修団で行われている浄霊はそういう種類のものです。

般若心経

他にもそういうのがあるかというと、日本で最も多く使われている般若心経です。般若心経における浄霊というものがあります。

この般若心経というのは、昔からさまざまなエピソードがありました。悪霊に襲われたとき、般若心経を唱え続けたら、来なくなった。般若心経を毎日唱え続けたら、いろんな災いが起こっていた人に、災いがなくなった。そういうエピソードが数限りなくあるのが般若心

ギャテー
ギャテー
ハラ
ギャテー
1人の人間霊に対して
般若心経を唱え続ける

経です。

自分の身を守るため、悪霊から身を守るため、災難から身を守るため、さまざまな形で般若心経というのは、唱えられてきました。この般若心経も、最も流布している浄霊の一つです。

では祝詞やお経がどれだけの効果があるのかという問題です。

般若心経もそうですが、言葉には、つまり、お経や祝詞には魂が宿るといわれています。言葉に魂が宿ることを言霊《ことだま》という。この場合、浄霊における癒し、それを宿らせているのが般若心経であり、祝詞やお経です。

般若心経を唱え続けることによって悪霊が去ったり、災難を避けたり、災いを未然に防いだり、さまざまな現象があっても何の不思議もないわけです。

このように般若心経による浄霊は、古来からずっと、数多く行われてきたものの一つです。

余談ですが、言霊の効果は口で言っても、心で言っても同じ。しかし、口で言ったほうがその効果は強いといわれています。結局、「言霊は声に出すべきである」というところから、お経などの形も浄霊の一種と言えます。

ではこの般若心経でどのように浄霊が行われるのか。

例えば、１００歳で天寿を全うして亡くなった父親がいるとする。父親は幽界に上がったかどうかわからないから、息子が父親を幽界へ上げたいと思う。そういう場合に、般若心経を唱えるのです。

父親に対して般若心経を唱え続ける。一人の人間霊に対して般若心経を唱え続けるということです。

半年から一年もするとその霊は浄化します。つまり、先ほどの父親は、幽界へ上がることができる。その時、この浄霊は成功したということになる。これが最もオーソドックスで、基本に忠実な浄霊の方法と言えます。

では般若心経を使った具体的な浄霊方法を説明します。

般若心経を毎日欠かさず唱えます。お経を一回唱え終わると、それを一巻というが、通常はそれを10回行います。つまり一日10巻を唱えるわけです。

そして早ければ半年、少なくとも一年から2年間毎日続けると、霊一体を幽界へ上げることに成功します。

また、般若心経を書き続けるという方法もあります。いわゆる写経です。一日10巻を唱えるのは大変だと思う人は、3日に一回とか、2日に一回、般若心経をその人に、捧げるために書き続けるわけです。浄霊したい相手を、その対象者を定めて、書き続けます。

もちろん自分のために写経をしても仕方ない。自分に情けをかけても、相手は上がらない。相手のために、目的を定めて写経し続ける。そういうやり方です。

ただ写経の意義は、自分で唱えていても、棒読みになってしまって、心が伝わらないという考え方から出てきた。つまり、書くことによって、その心を相手に伝えるということです。書くことによって相手に対して、いわゆる情けをかける。癒しをかける。これも、一つの浄霊につながるわけです。

その効果はどうかというと、やはり、一日何回般若心経を唱えるかによる。人にもよりますが、一日唱えるのであれば、書いたほうがいいともいわれています。

ただ、私が考えるには、10巻から20巻を唱えるのに対して、それは写経の一回ぐらいに相当するのではないか。そのぐらいの比率ではないかと私は見ています。だから般若心経を10回唱える。つまり、それを10巻というわけだが、10巻、20巻唱えるなら、やはり一回書いておいたほうがいい。ただし、もちろんそれは書くことが何の抵抗もない人のやることです。

ここまで読むと要領のよい人は、それなら一日、10巻とか20巻を半年間続ける代わりに、一日１００巻を短期間集中して行ったら、短期間で浄霊を成功させることができるのではないかと考える人がいるかもしれない。ところが、これがそう簡単な話ではない。

中にはもちろん、一日に2、3巻で、あるいは、早い場合は一巻しか唱えなかったにもかかわらず、成功した例はあります。ただし、その場合でも半年間の期間がかかっている。それを一週間で、半年分唱えて成功した例はありません。

そういう横着は利かないということです。あくまでも基本は、どれだけ情けをかけるか、ということであり、一巻でも2巻でも、それを半年間唱え続けることが必要なのです。大切なポイントは情けを長期間かけるということである。

またこの場合、浄霊の対象は一人です。例えば、「私のご先祖様全員に」と言って般若心経を写経したり、唱えても、ほとんど効きません。これでは、浄霊にはならない。

あくまでも原則は霊一つです。それでは先祖全員に対して行っても何の役にも立たないかというと、全くそうとも言えない。先祖全員の気分はよくなります。しかしそれだけで、先祖霊全員が幽界へ上がるということにはならない。もちろん10人のご先祖様に対して、10年間やり続けたら、浄霊として成功する可能性は十分あります。ただ、そんなに続けられる人はいません。

5年、10年と一口に言っても、続けられた人は、ほとんどいないということを覚えておいてください。

ただ、おじいさんやおばあさんが、「もうお迎えが近いから、それを仕事として、死ぬまでやろうかしら」というところで、5年、10年間続ける人はいます。これは確かに、かなり救われる可能性が高くなります。

払い

次は、払いを中心に行っているところについてです。これは当然、岡山の修験道でしょう。もちろん、一部の修験道関係者たちの中には、それこそ何万人いるかわかりませんが、浄霊を行っている人も数多くいます。修験道は、やはり払いが中心です。ただ、今、私が紹介しているところは、ほとんどが正統派の人たちについてです。

修験道はそれこそ歴史が1000年ともいわれる。そこは古い歴史があり、いろんな術も使っていました。

そして、修験道は神仏混合の宗です。当然、そこは宗教性があります。ただ、技術系（いろいろな術や払いなど）のことをかなり行っています。そういう意味では、浄霊の世界で、かなり進んでいるグループと言えます。

念じて病気を治す

さて、この他にもいろいろな浄霊の形があります。突然できるようになった人では、念じ続ける方法が多い。

「病気よ、治れ」と言って、念じ続ける。この方法が数多くあります。

念じ続けることによって病気を治すという方法は何が作用するかというと、そのほとんどが先祖霊である。病気を治しているのは先祖霊の力。これも一つの浄霊の一種です。念じ続けることによって先祖霊が協力している。こういう変わった形もあります。

例えば、あなたが不治の病になったとする。そこで「この病気を治してください。何が何でも治すんだ」と強く念じ続けるとします。

そうすると、どうなるか？

人間というのは、「この病気を治すんだ」と念じたところで最も心に響くのは先祖霊です。

念じ続けることによって先祖霊が協力している。
病気よ治れ!!

念じているのは子孫なのです。子孫が困って頼んでいるとなれば、やはり先祖霊は「なんとかして治してやりたい。私の子孫だから」と思うでしょう。

例えば、あなたに困ったことがあるとしたら、先祖霊がそれを見ている。見守ってくれるのはやはり先祖霊なのです。

だから困ったときに「ご先祖様ーっ」というのは一理あるわけです。

ただし、いくら困ったときに「ご先祖様」って言っても、この人の先祖は協力してくれるが、あなたの先祖は何も協力してくれないということもあり得る。みんながみんな、協力してくれるとは限らない。

何とかしてやりたい
先祖霊
困った時は先祖霊に呼びかける

例えば、ある人に、ものすごく協力的な先祖霊が一人いる一方で、中にはその人がいくら「ご先祖様ーっ」と叫んでも、「誰か助けに行けば」っていうところで終わらせる先祖霊もいる。「俺は知らねえ」っていう先祖霊も多いからです。

とは言っても、深刻な病気にかかったとか、事業に失敗して、「本当に困った、困った、どうしよう」というときには、やはり先祖霊は自分の子孫のためになんとかしてあげたいと思うのです。

一方、当の本人は先祖霊のことなど意識することもなく、必死に現実と戦って努力しているだけ。

そのようなときにこそ、先祖霊に「助けてくれよ」と呼びかけたらよいのである。

「俺の会社をなんとかしてくれ」と。

そういうことを言ったら、やはり協力的な先祖霊は

「応えてあげようじゃないか」と思うはずです。

恐ろしい動物霊の協力

ともあれ、先祖霊が協力をして病気を治す。これも困ったときの一つの浄霊の形です。強いて言うなら、この方法は本来の浄霊に近いものがあります。ただ、中には動物霊の協力もあります。

タヌキが協力する、イヌも協力します。キツネも、リュウも協力します。これら動物霊に共通して言えることは、最初はものすごい協力が得られます。しかし最後は残酷です。必ずその動物霊からの協力を得た人（その動物霊が憑いた人）は命を落とします。そういう残酷な災いが待っている。

動物霊の場合、共通して言えることは、最初はみんな（動物霊からの協力を得た人は）いい目にあう。浜辺で観音様か何かを拾ってきた人が、それ以降つきがものすごくよくなった

という話をよく耳にする。

たいていの場合、それは観音様にキツネかタヌキの霊が憑いていたケースです。観音様に憑いていたキツネやタヌキの霊が川に流されてさまよっていたのです。そのような悲惨な状態から拾いあげて救ったのだから、動物霊たちが喜ぶのは当然です。

そこで、動物霊たちは、初めはいくらでも自分を拾ってくれた人に対して協力するわけです。それはもう狂ったように協力する。

一番多いケースは、海で拾った場合ですが、川でも山でも、どこでも、何か拾った物を祀ったら、すごく金持ちになったとか、宝くじに当たった、とか、すごくいいことばっかりあったという話。

そのときは、その人の10年後、20年後のことを聞いてみるべきです。まずその人、あるいはその家系は滅んでいます。初めの5年、10年はいい。それから後のことです。どの辺りで滅ぶかは、それぞれですが。

病気を治すためのその他の方法

また、病気を治すために昔から塩断ちやお百度参りをして、願かけすることが昔から行われてきました。

昔からの方法の風習が今なお残っているとき、人は皆、その原理を知らずに行っていたのです。

例えば、願かけのためにお百度参りは、その対象となる霊に対して、お百度を行うことです。これはそれだけの情けをかけることになるので、浄霊としての効果を期待することができる。だから決してバカにすべきものではありません。

冒頭でも述べたように、浄霊とは、霊を上げるために、いかに情けをかけたか。その辺がポイントになるからです。

　つまり、願かけにしても目的を明白にしておけばいい。

　例えば、ある受験生が、某大学に入りたい。そのためにお百度をするなら、それだけ情けをかけたお願いということから、先祖霊は協力するでしょう。あるいは病気治癒を祈願して、その人がお百度を行ったら、その病気に影響している霊に、お百度という行為は伝わるでしょう。情けをかけることになるからです。ここで、あの浄霊の原理を思い出してください。

　さて、お百度の成功率はというと、やはりその願かけの難易度によって変わります。

　例えば、現在の難しい病気に対して、お百度参りによって、その病に災いしている霊を治めることができるかといえば、必ずしもそうではない。
むしろ、昔のようにお百度をすれば簡単に治る病気は少なくなってきている。昔のお百度で片づく霊というのは次元が低い。つまり、影響を及ぼす範囲がはるかに小さい霊ということである。

ともあれ、願かけの難易度によって、お百度はうまく成功することもあるが、まるでダメだったということもありうるわけです。

そういうことからいうと、最も効率がいいのは、やはり、趣味の会で行っている浄霊の気を送って行う方法です。
昔のお百度で成功する願かけは、現在、趣味の会で行う霊処理を二、三つ、あるいは多くても四、五つ行えば成就する程度の軽いものです。通常、趣味の会ではクライアント（浄霊依頼者）の依頼一件につき浄霊は50体以上の霊処理を行います。

お百度参りの弊害

その昔、お百度参りをするのは、たいてい稲荷辺りにお願いした。功徳をお願いして、油揚げを数枚お供えすれば、稲荷神社辺りに住み着いているキツネの霊が出てきて、「じゃあ、ちょっと協力してやるか」っていう気になる。

昔、浄霊の依頼を受けて、一生懸命浄霊を始めたことがあった。ところが浄霊してキツネの霊を取っても、取ってもそのクライアントに憑いている。よくよく聞いてみれば、クライアント（浄霊依頼者）の母親が一生懸命神社にお参りしていたというケースがあった。

最近ではそういうケースはまれだが、昔の浄霊では、そういうのがあっちこっちで見かけられた。

あるとき、キツネを浄霊で取っても、次から次へと来るから、「あんたの兄弟か誰か、お参りしていない?」と尋ねたところ、「おじいちゃんがね、毎日、近くのお稲荷さんにお願いしているのですよ」と言う。そのようなケースが多かった。

お稲荷さん以外の他の神社や仏閣でも、願掛けすると動物霊が憑くことがある。リュウが憑いたり、ヘビが憑いたりする。ただし、動物霊が憑くにはそれなりの理由がある。

通常、神社などに行き、お参りをして拝んでも別にどうってことはない。ちょっと挨拶がわりのように、お参りをして、お賽銭をチャリンといわせて、パン、パンと手を叩く。そんな儀礼的な形だけで終わる場合なら、動物霊が憑くことは滅多にない。

ところが毎日、2回お参りをしたり、願掛けのために根を詰めてその神社に通うということになると、そこに情けをかけることになる。相手（神社や仏閣に住み着いている動物霊）に対して誠意を尽くしたら、「じゃあ、私もお邪魔しましょう」ということになる。

毎日、根を詰めたときに（情けをかけたとき）、そういう現象が起こるわけです。言い換えると、そういうことが起こるだけのエネルギーまで持っていかなければ動物霊が憑くことはない。

浄霊は明るいものでなくてはいけない

日本全国に、今なお幼少のころから学校も行かないで、浄霊を行っている人たちが数多くいます。

だいたい、どういうわけか、おばあちゃんとか、女の人が多い。生まれてからずっと、その道で生きている人たちである。親がそうだからというところで、そのまま継承して、学校も行かないで浄霊を続けている人たちです。そしてそういう人たちは、決してネットやマスコミに登場しません。むしろ、正統派の浄霊師たちが表に登場することはほとんどないと思ってください。

しかし、マスコミに出なくても、代々ずっと浄霊を続けているような人が、いまだ数多くいるということです。

では、テレビではどういう人が登場するのか。あれは視聴率を上げるのに最もいい人が選ばれるように思う。それともう一つ、テレビで紹介される払い、浄霊の技術はいろんな形のものがあります。

だからといって、いろいろな浄霊を、テレビで紹介するのは悪いとは言いません。それなりのものがあると思います。ただし、浄霊は一朝一夕でできるものではないし、原理を知らないで、ただ我流でやったら、必ず身を滅ぼす技術であるということだけは知っておいてください。

つまり、いわゆる浄霊というのは、我流で決してやるものではないということです。テレビに出ている人たちには、我流でやる人もかなり数多くいるようです。

私が冒頭で述べた浄霊の原理を踏まえた上でやっているところなら、間違いありません。それを知らないでやっていると、やがては自分に返ってきます。

浄霊とは、私から言わせたら、明るくなくてはいけない。明るい浄霊です。ところが巷で行われている浄霊はだんだん暗くなっていきます。

それはなぜかというと、要するに浄霊というのは、人や土地に憑いた自縛霊《じばくれい》、先祖霊や、さまざまな動物霊を処理することです。動物霊にはリュウ、ヘビ、キツネ、タヌキ、イヌ、その他いろいろな動物が数多くいます。問題はそういうものをどのように処理するかにある。

例えば、動物霊というのは、通常一匹、ポンと憑くようなものではない。動物霊はほとんどの場合オス、メス、眷属（5匹～7匹の仲間、あるいは同族）が一つのファミリーとして憑きます。

ヘビが憑いているからといって、ヘビ一匹を追い出して終わる。浄霊はそんな単純なものではありません。

もし、霊の処理の仕方をいい加減にし続けていくと、やがて浄霊師は処理しきれなかった霊から報いを受けることになります。また、浄霊を依頼した人間にまで、後にその被害が及んでくるとか、数々の悲惨な出来事に遭遇するようになっていきます。

そういうふうに考えると、浄霊というのは、ヘビ一匹処理するにも、ヘビ一匹だけではない。オス、メス、眷属5匹の合計7匹すべてを処理して初めてヘビ一つの処理となる。リュウの処理でも、イヌの処理でも同様である。これが動物霊の正規の処理なのです。

ところが、動物霊はそのファミリーすべてを処理しなくとも、それはそれで浄霊の結果が出る。例えば、オス一匹をクライアント（浄霊依頼者）から離せば、その動物霊のファミリー全体の影響力は弱まります。それだけで、クライアントを満足させる結果を得ることができるのです。だから我流で浄霊を突然やり始めた人でも、確かにそのときは良い結果が出ます。未処理の霊を残したままでも、浄霊をした直後は、クライアントの満足する結果が出るからです。これが浄霊の世界なのです。

しかし、果たしてクライアントの問題はそれで完全に解決したのでしょうか。半年、一年、2年経過したときに、どうなるか。クライアントの問題は本当に解決したのかという疑問が残る。

つまり、まだ処理していない、残された動物霊があるということは、時間の経過に従って、その未処理の動物霊からの逆襲にあうという可能性が高いからです。だから浄霊の世界は怖いのである。はっきり言って怖い。

浄霊の世界を知っている人間ほど、この世界は怖いものだと分かっている。なぜなら、このように霊処理は完璧に行わなければいけない世界だからです。

そのために、この世界では、「行者の最後は哀れなり」という形をたどる人が、昔から後を絶たなかった。正統派でも霊の返りを多少なりとも受けるのです。ただし、一番返りが少ないのは前の例として述べた自修団でしょう。お経をあげているだけですから、当然、自分への返りは少ない。

しかし中には、3代前のおじいちゃんとか、4代前のおじいちゃん、と指定してお経を上げた場合、それを見ている周りにいる霊たちが、「どうして私は、上げてくれないの」と言って、来る可能性があります。

つまり、浄霊する霊を指定して行った時、他の霊を呼んでしまうということがあるかもし

れない。とは言え、それは霊に情けをかけているだけですから、自修団の方法は自分への返りが少ないのです。

では、一体日本でどのぐらい正当な浄霊を行っているグループがあるか。だいたい30くらいではないかというのが私の予想です。もちろん、自修団も修験道も一つとして数えています。そこには信者さんたちが何百人いるか知りませんが、おそらくそこで経験のある人や、浄霊を行った人は、何百人から何千人いるでしょう。これはアバウトな、私の単なる想像です。およそ30くらいの見当をつけています。正統なのは、その辺しかありません。

ただそれをネットで調べたり、テレビで見て判断しても、それは無駄です。むしろ、そういうところで判断して行かないほうがいい。正規なところを探して行くべきです。ただ我流で突然始めているような人も、いっぱいいます。

ここまで紹介してきたグループは、やはりどれも宗教性がある。むしろ、今まで宗教の生徒さんでなければ、浄霊はできなかったという事情があります。

なぜなら、過去においては、どのセクションで払い、浄霊を行うかといったら、宗教の領域、すなわち、お寺とか仏閣とか、そういうところで行う以外、他にはなかった。だから、宗教側に入っていた。

私が考えるには、この浄霊の世界は宗教でも何でもない。単なる技術に過ぎない。技術さえ習得すれば誰にでもできるものです。

先ほど紹介した趣味の会においては、宗教色はまったくありません。なぜなら、浄霊、払いの世界を技術でしか捉えないからです。だから、趣味の会で、払いや浄霊の技術を学んでいる人は、ほとんどどの宗教にも属していない人たちばかりです。技術の訓練をするだけのグループです。それが趣味の会の浄霊です。しかも、どんな霊の影響も受けないのもこの趣味の会だけです。もう一言付け加えると、この会で行っている人たちはすべて陽気な人ばかりです。

もし、あなたがこれから先にいろんな浄霊を見たときに、その浄霊の方法が霊に対してどれだけの情けを送っているか、その量を計ることによって、浄霊のレベルがわかるはずです。しかも、そのグループが明るいかどうかも。

日本には浄霊が数多くあります。お百度の情けの送り方はわずかです。般若心経は、それなりのものを持っている。だから、どれだけの情けが送られるかというところで、すべて判断できるはずです。

コーヒーブレイク ①

般若心経の写経

浄霊目的で般若心経の写経を行う場合、字体は平仮名でも構わない。あれを漢字で書くとなれば、そんな簡単にやれるものではない。ともかく浄霊目的の場合には、平仮名で十分です。言霊《ことだま》は通じます。しかも、お経の意味をわかっていても、いなくても効果は同じです。

この場合、やはり筆を使う。その方が格好がつく。たとえ下手でも筆ペンあたりで書くのがよい。これもまた一つの浄霊の方法です。そこで、いかに情けをかけるか。そして毎日10巻から20巻を唱えて、早くて半年で、一つの浄霊が成功します。

コーヒーブレイク ②

世界の浄霊

　浄霊というのは、日本だけの技術といわれています。ただ、それに類したものは世界にも多少ある。アメリカでは、発電機を使った浄霊というものが紹介されています。

　世界で一番多くそれらしいものを行っているのはラマ教でしょう。ただ、高僧の人がその原理を知らずに、教えのとおりに浄霊を行っています。

　また、ラマ教には、「千里を駆ける術」という有名な術がある。一晩で千里を駆けるから、千里を駆ける術というが、過去はキリストが使ったといわれています。そして今でも、千里を駆ける術を使えるラマ僧が数多くいるようです。

第2章

死後の世界――その1

さて、ここで死後の世界について述べてみたいと思う。人は死んだらどうなるのか。

例えば、病気であがき苦しみながら死んだとする。「痛い、痛い、痛い。もうこれ以上痛いの嫌だ。嫌だ、嫌だ、嫌だ」と思いながら、意識がなくなってそのまま死んでいった。

では、その人の死後はどうなるのか。

意識がなくなる直前の「ああ痛い、痛い。嫌だ、嫌だ」が死後そのまま続くわけです。つまり、自分が死んだことに気が付かないまま、死ぬ直前の心の状態がずっと続いているのである。

死んだその時の状態から、そのまま変わらずにいるということになる。そのときの心の状態のままというわけです。

では、そこから覚醒するのはいつなのか。

通常簡単には覚醒しません。死に方によって、行くところがいろいろ違うからです。つまり、死んだときの状況が、どういう状態かによる。

死んだときの心の状態が、その人の心の色となり、行く場所がその色で決定されることになる。

「ああ痛い，痛い，嫌だ，嫌だ」が
死後そのまま続く

死後の5つのパターン

ここで、死後の状態を5つのパターンから考えてみたい。

一番目は病死です。

「苦しい、苦しい」といいながら死んだ人の場合、死後もそのまま苦しい、苦しい状態です。

では、その苦しい状態がどのぐらい続くのか。20、30年、あるいは40、50年はそのままと思ってください。死んだそのときのままです。

これは人によって違う。その人の精神性のレベルによって変わる。50年経ってから覚醒する人もいれば、100年経ってから覚醒する人もいる。長い人なら200年ぐらい覚醒しない場合もある。つまりそのままの状態で、そのままいるということです。

次に、ドボンと海の中などに自殺した場合はどうなるか。自分で死を選んだ場合、その自殺したときの苦しみのままです。その時の心の状態のままで、その自殺した場所に留まることになる。

自殺というのは、非常に思い詰めた、真っ暗な世界です。当然、心の色は真っ暗となります。だから、その場所から離れることができず、しかも容易にその心の暗い色は、明るくならない。むしろ自殺は最悪であるというふうに考えなくてはいけない。これが2つめの死後の世界です。

さて、自然死の人ならどうか。死後の世界の3つめのパターンです。自然死の人はどうなるかというと、やはりそれは自然の色、普段の心の状態のままでいると思っていい。しかし今どき、自然死はあまりいない。そのままでずっと最後までいくというのは、どういうことかというと、その人の人生の生きざまの色で、そのままいくということです。

心の色が真っ暗な人は、やはりそのまま暗い世界にいるし、明るければ、明るい世界にいることになる。

死後の世界の4つ目は事故死です。事故で死んだ人。やはりこれは自然死と同じ状況となる。また突然死、いわゆるsuddenly deathもやはり自然死と同じ状況です。

死後の世界の5つ目は戦死です。これは死んだとき、どうなるかというと、戦争の場合は恨みが残らない。つまり、戦争の場合は、個人的な恨みの世界ではないからです。

それでは心の色はどの辺になるかというと、それはやはりその人が持っている心の色となる。

このように死後の世界は5つのパターンがあります。人によってそれぞれ行くところが違う。しかし、これはあくまでも一定期間である。

そして、浄霊の対象となる場合は、この5つに区分けされた人たちが、何らかの形で関わってくることになる。

死んだ人が子孫に憑く理由

ではは具体的に、その人たちが浄霊とどのように関わっているのかということです。

一番多く関わってくるのは、やはり病気で死んだのが最も多いケースです。

病気で苦しんで死んだ場合、死後その人は、子孫に「助けてくれ」と、助けを求めて近くにいる。あるいは土地の自縛霊《じばくれい》となっている。そういう両方の場合があるわけです。どちらも子孫にその影響をもたらすということでは同じかもしれない。

では、自殺した場合はどうなるか。これも、やはり子孫にいきます。そしてそのまま苦しみ続けています。

ここで注意しなければいけないのは、自殺の人も病死の人もそうだが、その人たちは「この苦しみや痛みをなんとかしてほしい」という思いから、子孫に憑くのである。そこには少くとも、憑いたその人を苦しめようという考え方は、先祖たちの誰もないということを知っ

病気で苦しんで死んだ場合子孫に
助けを求めて近くにいる

ておいてください。

次に自然死の場合どうなるかといったら、通常、人に憑くということはあまりない。その人の状態から言えば、そんなに悪くないからです。

ただ事故死の場合、自殺とどう違うかというと、事故で死んだ人はほとんど死んだところに留まらないということを知っておいてください。

事故でも、交通事故なんかで、死ぬ瞬間をよく覚えていないような突然死の場合は、ほとんどその場所に留まらない。

だいたい死んでも、死んだことを知らない人が多い。病死でもそうです。病気で死んでも、自分は死んだことを知らない。気づいていない。

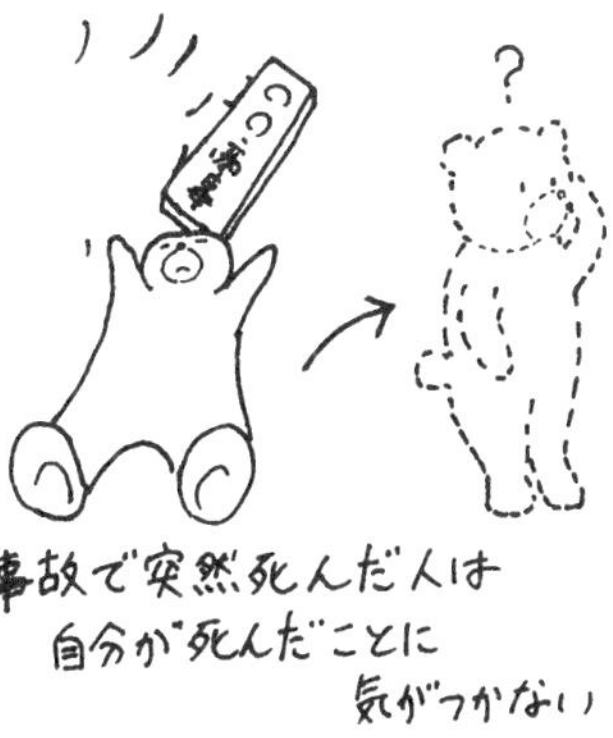
○○ 命事
?
事故で突然死んだ人は
自分が死んだことに
気がつかない

浄霊かなんかで霊を呼んで、「あんたは死んだんだよ」と言って、初めて「はあ、私は死んだんだ」とわかる人もけっこういる。事故死の場合も同じです。突然死んでいますから、気がつかないのである。だから、そこに留まらないということです。

ただし、留まる場合も中にはある。それはどういう場合かというと、死ぬ瞬間を自分ではっきり覚醒しているとき。「ああ、死ぬ、死ぬ。」というところで覚醒している場合は、その場所にとどまる場合も中にはある。

また、突然死のほとんどのケースも死んだ場所には留まりません。これもまた、死んだことを知らない場合が多いからです。

それから戦争の場合、なぜ恨みが残らないかというと、両方とも、「どちらに殺されても、死んでも、文句は言いません」というのが戦争だからです。

戦争は、だいたい個人的に恨む世界のものではない。だから、両方ともに恨みが残らないのです。

浄霊の世界で、恨みの世界がそこにつきまとうのは、あくまでも個人的に恨みがあったときです。戦争の場合は、自分が殺されたくなかったら、あるいは相手を殺さなかったら、自分が殺される。そういうどちらかの世界ですから、個人を恨んで殺すということではない。つまり、戦争の場合には恨みは発生しないわけです。

ところが、個人を恨んだ場合は、そのまま、そこに恨みが発生します。恨みの霊という存在が発生する。

死後覚醒したら、どこに行くのか

さて、死後、自分が死んでいることに気がついたら、それから先はどこにいくのか。

死後まず覚醒して、自分のいる場所に気がついたら、次はきれいな世界に行こうとする。

とはいえ、中には、きれいな世界に行きにくいケースがある。自殺の場合はやはり最もきれいになりにくい。

また、死後、死んだことになかなか気づかないのは病死。意外と簡単に上のきれいな世界（すなわち、霊界）に行ってしまうのが自然死や事故死です。戦死の場合も、意外と簡単にスッと行ってしまう。

問題は、どこで心がきれいになるかということですが、やはり時間のない霊の世界においても、時間が存在するというふうに考えなくてはいけません。

つまり時間のない霊の世界は、50年の瞬間がそこにあるというふうに考えればいい。50年は50年の瞬間がある。だいたい50年か１００年ぐらい経つと、そこでなんとか死んでいるこ

死後覚醒して，自分のいる場所に
気がついたら……
チィーン

とに気がついて、行くところに行くという活動が始まります。

ただし、自然死や、事故死、あるいはすぐに上の世界に行ける状態の人は、一週間できれいな世界にパッと行ってしまう場合も中にはいる。一ヶ月で行く人もいる。バラバラです。

さあ、一週間で行くか、一カ月で行けるか、あるいは一年か、その次に50年で行けるか、１００年で行けるか。そのように考えたほうがいい。つまり数ヶ月か、50年か１００年かの世界です。

死後、上の世界へいくというのは、いわゆる仏教でいう成仏した世界に行くということです。

通常、幽界に行くという世界のことです。その幽界に行くのが数カ月先か、50年先か、１００年先かということです。あるいは、なかなか行けないのか。そういうふうに考えてください。

ただし、一般的に死後、成仏する霊、すなわち、上の世界に行く霊の配分はどうなっているかというと、9割以上行っていないと考えてもいい。成仏できるのはほんの一割と思ってもよい。

私はすでに今まで、浄霊の世界で霊を何万体と見ていますが、ほとんどが上には行っていません。数カ月間で、そのままスッと上へ行ってしまう人は、ほんの一割くらいだということです。

それでも、死後覚醒してから50年、１００年経てば、きれいになりますから、かなりの数の霊たちは上の世界へ行きます。

では、上の世界に行かない場合どうなるかというと、そのまま輪廻転生《りんねてんせい》します。行かなくても、また地上界に下りてきます。

それでは、生前生きることによって作られた汚《よご》れとか業《ごう》はどうなるかといえば、そのまま業として背負ったまま、もう一度生まれてきて、そこで解消するということになる。

上の世界

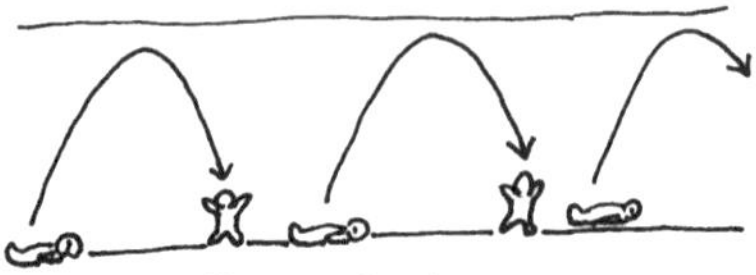

上の世界まで行かないタイプの人は世渡り上手

上の世界へ行く途中で、現実界へ戻ってくる霊もいます。例えば、動物霊は、上まで行かずに、そのまま出てくることになる。そういう形で輪廻転生を繰り返す。

人間には３つのタイプに分けられます。そのタイプによって、行く方向が違います。

上の世界まで行かないタイプの人は、途中で何回も輪廻転生して現実界に生まれ出てくることになる。動物霊とか、魄《はく》の構成によって、そういうタイプの人間は、世渡り上手な人間となります。

この３つのタイプのうち、ある一つのタイプだけは、死後、上の世界に必ず戻ってから生まれ変わることになる。このタイプの人間は、途中で降りてくることは決してない。必ず、２００年かかっても、何百年かかろうと

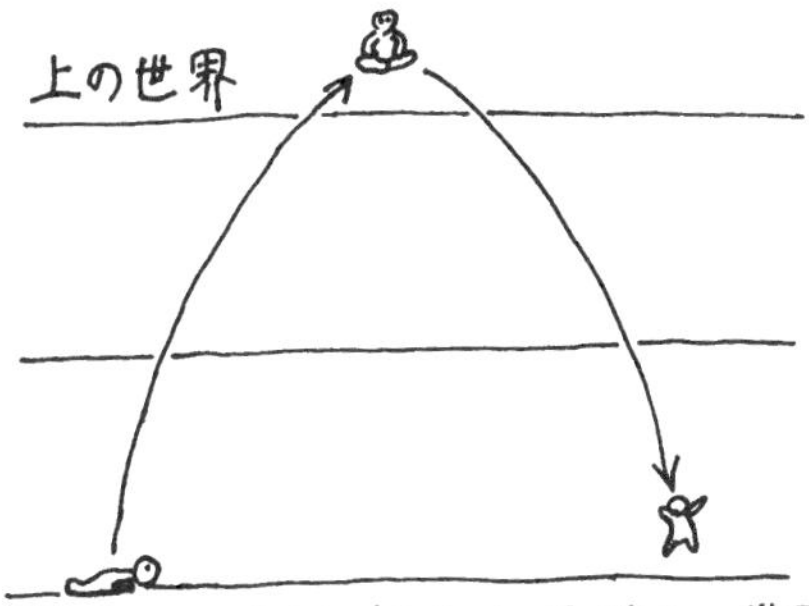
上の世界
あるーつのタイプだけは、死後上の世界に
必ず戻ってから生まれ変わる

も、上の世界に行ってから下りてくることになる。ただし、先ほども述べたように自殺した人は、なかなか上の世界に行くことはできません。

第3章

日本のさまざまな浄霊Ⅱ

ともあれ、浄霊のポイントは何か。要するに、上がれば成功なのです。一言で言って、上がりさえすればいい。これは、浄霊の歴史を振り返ってみてもそうです。昔から何百年もの間ずっと、いかにして上げるかというところで浄霊師は努力してきたのです。

では、上げるということは、どういうことかというと、次元の壁を上げる、あるいは明るくするという意味です。それが普通、仏教でいうところの、成仏するということにもなる。いわゆる次元を上げること。これが上がるということとなる。それを形態化して、上の位置、すなわち幽界まで上げるという形で表現する。そのためにいかにして上げるかということになります。

そしてこれはやり方とは関係ありません。世界も関係ありません。どこの国であろうと、どんなやり方であろうと、みな同じです。上げるのは、どこで上げても同じ。ただ、霊を上げるのに、『どのような方法を取るか』というだけの違いに過ぎません。だから浄霊は日本にも、世界にも数多くあるのかもしれない。行き着くところは、ただ上げるということだけである。

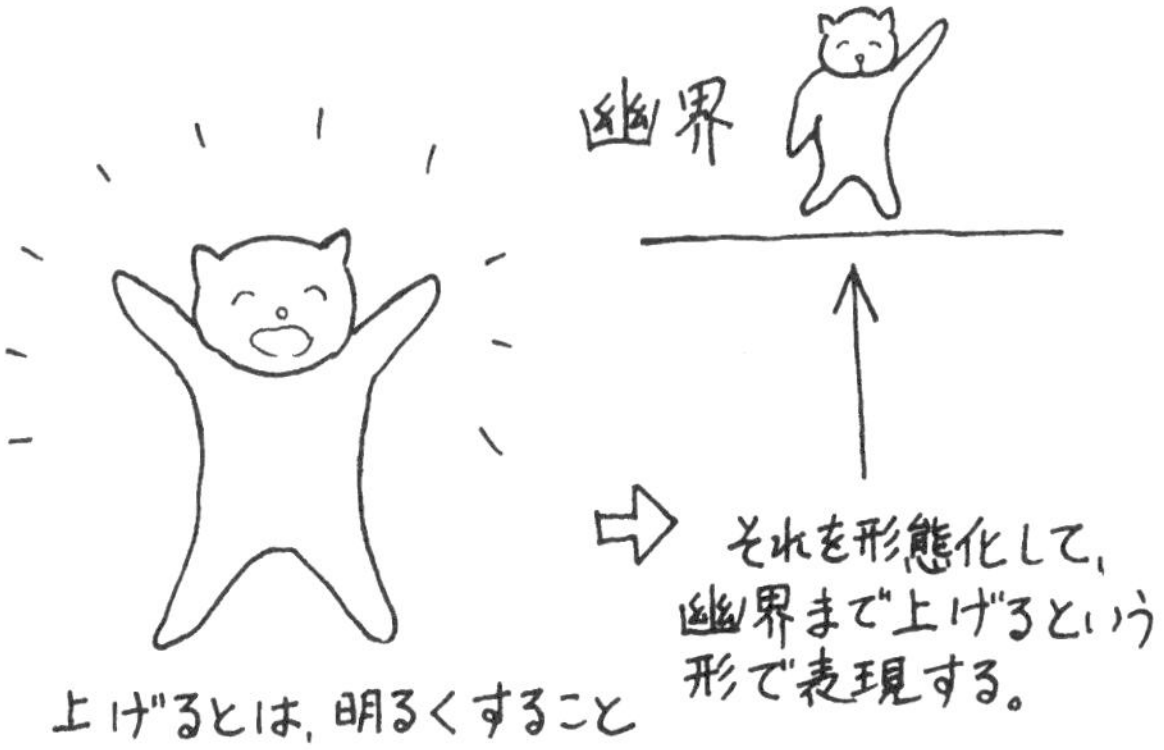
幽界
上げるとは、明るくすること
それを形態化して、
幽界まで上げるという
形で表現する。

では、どのようにして上げるのか。そのやり方がいろいろある。簡単に上げる方法もあれば、難しい上げ方もあるかもしれない。ともあれ、霊を上げなければ浄霊は成功しない。

現実に生きている人間が霊の影響で病気になったのであれば、霊を上げることによって、その病気は治る。何らかの運勢にマイナスに影響していた霊を幽界へ上げると、その運勢は改善する。つまり、霊を上げる方法が重要なのです。

すでに紹介した自修団は、今では何千人もの信者があり、立正佼成会や霊友会などに分れて3つの大きな集団を作っています。

もともとそこでは、浄霊が広く行われていました。その関係で浄霊を行う人が、おそらく今でも何百人もいると思う。

自修団は正規の浄霊を行うところです。いかに霊を上げるか、そして、霊が幽界へ上がったのか、上がらないか、というところで勝負するわけです。また、相手（クライアント）の状態に応じて、お経、祝詞をいろいろかえて、上に上げるという努力をしている。

以前は本部からも、私のところに勉強をしに来ていた人もいました。とにかく自修団は、それなりのレベルをもった浄霊を行っているところです。

繰り返しますが、上げる手段として、またそれに共通しているのは、情けをかけるということです。そこには、情けによって霊を明るくすることができるという、大きな真理があるからです。霊は情けをかけると明るくなる。そして、上に上がります。次元が上がるのです。霊の存在する場所がよくなるということです。

情けをかけ続けると、霊の心が癒され、楽になって、明るくなります。そのときに、上にパッと上げるわけです。

霊を上げるために、祝詞、あるいはお経を用いる。これらは浄霊の一つの大きな手段となります。

そして修験道もそうです。修験道も一つの形はありますが、むしろ払いが多い。ただ、いろいろな細かいやり方もあるようです。

ただ、どんな方法にせよ、霊を上げるという動作が伴っていないと、それは完全な浄霊にはならない。中途半端な形となります。

その結果どうなるかというと、必ず霊からの返りが来ることになる。


では完全な浄霊の形とは一体どういうものなのか。

それは霊に情けをかけること、あるいは、何らかの方法で、幽界にまで霊を上げること。霊の存在している位置を明るい次元に変えること。これが正規の方法なのです。これ以外に正規の方法はありません。

これは、浄霊師がそのことを認識しているか、していないかの違いです。もちろん、それを認識していなくて浄霊を行っているところも中にはあります。しかし、正規で浄霊を行っている方たちは、そのことについて知っています。昔からやっている人でこれを知らない人はいません。

正規に浄霊を学んだ人たちは、「上がっているのか、上がっていないのか」という形で、確認します。やり方は違っても、流派は違っても、どんな事情であろうとも、上がったか、上がっていないか、といったその焦点だけを見ます。

「上がっているのか、上がっていないのか」
といった焦点だけを見る。

手かざし

手かざしという手段があります。手かざしは病気を治すのに浄霊を使います。これは先祖霊に対して訴えかけて、協力を願うという形が多い。

先祖霊に訴えかけて病気を治す方法は、昔から「手をかざす」などといわれるもので、浄霊の形としては一番オーソドックスな方法です。

例えば、病人の悪いところにじっと手を置きます。そして念じるのである。「この人に協力する霊、先祖霊、取り巻く霊、すべて協力してください」と。

これを受けたら病気は治ります。その代わり、病気が治ったら、その病人に憑いていた霊が自分に来ることになる。

昔から、ただ手を置くだけの治療には2通りありました。単に手を病人の患っているところに置いただけなら、自分のプラスの気が患っているところに行きます。そして、一定時間過ぎたら、今度は相手の患っているところのマイナスの気が自分に昇って、自分に移ります。

病気よ治れ！
こっちへ行こうかな

この方法で病気は治ります。ただし、これはプラスの気をただ病人の患部に移しているだけ。それがある時点で逆転して、今度は患部のマイナスの気が治療師に移っていく。その治療師は病気のマイナスの気をかぶることとなり、その何年か後には、治療師自身が受けたマイナスの気によって、自分の弱いところに病気が出るという可能性が生まれるわけです。

もしここで、「病気よ治れ」と念じると、それは一つの浄霊の形に変わります。悪い場所に手を置いて、念じる。これは、一つの浄霊という形に変わりますが、正規の形ではありません。

念じないで、手をかざしているだけなら、自分のプラスの気がバッテリーとして治す、バッテリーの治療となります。

しかしどちらの方法も、それを行った本人が病気になり、被害を被ることになる。ただし、これは日本とはいわず、世界で最も多く、広く行われている治療法であり、浄霊でもあります。

世界で行われている浄霊というのは、ほとんどが手をかざして、「すべての協力の霊よ、諸々たちよ、この人を助けたまえ」とか、「先祖たちよ、助けたまえ」と念じます。

しかし、これほどまで世界で、それほど簡単に、浄霊とも意識されずに行われてきたということは、現実に治っている人が大勢いるからです。そして、その原理を知らずに行っている人もいます。

しかし、これはあまりいい方法ではありません。自分も被害を被るからです。相手（クライアント）もどうなるかわからない。

さらには自分だけではなく、被害がその子どもとか、孫にも及ぶ場合も数多いということです。

ところが、日本でも、何百人、何千人という人たちが、この方法を行っています。

浄霊は、必ず正規で行うものなのです。正規の浄霊は、情けをかけて上に上げる。この2つに尽きます。

これ以外の浄霊は、残念ながら正規とは言えません。それ以外のことをやったら、必ず自分が影響を受ける。あるいは相手も被害を受ける。そういう状態が必ず出てきます。

封じ込め

やはり浄霊の世界で忘れてはいけないのが封じ込めについてです。今までの話はその対象が人間霊でした。

今度は疫病とか、そういう関係で昔から使われているものについてです。封じ込めという方法があります。封じ込めの歴史は長く、現代の西洋医学よりもはるかに長い。昭和初期に、西洋医学が入ってくる前まで、何百年間もの間、封じ込めという浄霊が行われてきました。それを行っていた数はどのくらいかと言えば、例えば人口が一万人に対して、だいたい5人から10人は封じ込めのできる人がいたのです。そしてこの封じ込めを行う人は、お坊さんでもあり、神主でもあった。いわゆる仏教でも神道でも、封じ込めは行われてきました。

当時は日本全国、昭和初期までは、至るところ封じ込めだらけだったと言っても過言ではない。そのぐらい封じ込めの歴史は長いのです。

　これは主に動物霊を封じ込めるというところから行われた。実際に、これでよく治りました。特に病気になったときとか、いろんな形で封じ込めが行われたのです。つまり、その対象は病気です。
　封じ込めが、なぜそこまで発展したかというと、これは日本独特の技術だからです。江戸時代から、大正、昭和へと、西洋医学が導入される以前は、日本の医療といえば、そのほとんどが封じ込めだったのです。そういう時代を経たわけです。

　一方、西洋では、どうだったのかというと、その中心は祈りであり、祈祷《きとう》でした。
　日本でいうと、神社の参拝とか物見《ものみ》に行くのかもしれない。しかし、外国ではだいたい祈祷という。お祈りとか祈祷です。

祈りも祈祷も同じようなものです。ただ、この加持祈祷《かじきとう》は、日本では法律的にいろいろ記載されている部分がありますゝ。例えば加持祈祷をやっている人間は、真身《しんみ》を持つ権利が託されるなど。

真身とは短刀のことです。法律上、真身とか、そういうのを使ってもいいことになっている記載事項があるくらいだから、その歴史がかなり長いことがうかがえる。

祈り

では祈りとは何か。

加持祈祷でなぜ治るのか。加持祈祷は病気に対してお祈りします。これもやはり大きい意味では浄霊の一種なのです。

例えばある人が病気になったとする。そこで、その病人は、訳がわからなくても祈り始めたとする。いい加減な祈り、自分勝手に作った祈り、「病気治れ、病気治れ、ワーッ」などといった理不尽な方法でもいい。とにかく祈ったとする。

その病気の原因は、例えば、ある女の人（霊）のせいだとする。その女の霊は非常にマイナスの霊で、その病人の横にいて、その人を病気におとしいれたとする。その後ろにいるのは先祖霊で、「なんとかして自分の子孫を治そう。治してあげたい」という念でその病人に憑いている。

つまりこれは、一つの病気の霊の配置図でもあるわけです。横にいる女の霊がその人に災いを催している霊。その人の後ろにいる人は先祖霊で、「この病気で苦しんでいる人は私の子孫だから何とか治してあげたい」と思っている。これが病気の配置図です。

それに対して病人は、訳がわからなくてお祈りをする。どのような形の祈りでもいい。もちろん、祈りの内容がいいのに越したことはない。

しかし、霊の世界というのは体がないのです。心だけの世界です。

そうすると、やはりその人の心が霊に通ずる。必死になって病気を治そうとするということは、結局、霊に情けをかけることになるわけです。

病人が必死になって念じるなら、「そこまで祈ってくれるのか」というところで、その人

なんとか治して
あげたい先祖霊
病気に陥れた
霊
病気の配置図

俺も頑張るぞ
先祖
そこまでやってくれるの
祈りは霊に情けをかける

に憑いていたマイナスの女の霊もだんだん癒されていく。いわゆる、あなたが祈るという行為が、霊に情けをかけることに通ずるのである。

そして、「そこまで祈ってくれるなら、俺も頑張るぞ」と、後ろにいる先祖霊は力を貸してくれる。

そんな中で、マイナスの女の霊は自分がやっていること、つまり、相手を病気にさせたことに対して祈られるということにやはり感じるものがある。次第にその霊は癒されていく。このようにして祈りは届く。


つまり、祈りも大きい意味では、浄霊の種類なのです。だから病気が治っていくのである。

祈りの代表はやはり自修団ですが、修験道でもみられる。浄霊しやすいお経や祈りの言葉も数多く存在している。キリスト教なら、そういう言葉、つまり、キリスト教のマントラや、また、浄霊のマントラといわれるものもあります。

つまり、どの言葉が最も効果があるかというところで生まれる。それが祈りであり、お経でもある。それはキリスト教にかかわらず、神道にかかわらず、仏教にかかわらず、みな同じ。神社仏閣にもある。唱え続けることによって情けが伝わって、浄霊ができる。これもやはり一つの浄霊の形なのです。

浄霊が突然できるようになった

浄霊する人の中には、ある日突然浄霊ができるようになって成功する人たちがいる。突然、「何々の神様が降りた」とか、「天照大御神《あまてらすおおみかみ》様が降りた」という。天照大御神の他には、八大竜王《はちだいりゅうおう》と竜宮乙姫《りゅうぐうおとひめ》がある。この３人の神さまが一番多く使われる。

現実には、この３人の神さまが本当に降りているかというのは、私の知る限りでは見たことがない。この3人の神様の性格からして、どう見ても、浄霊に対して協力するような性格を持っているとは考えられない。

では、一体何がそうさせているのか。そのほとんどが、キツネやタヌキやリュウといった動物霊が憑いている。ただそれを知らずにやっているのである。

しかし私は、これは知らなくて行っていても、それはそれでいいと思う。

例えばここでバーッとお祈りしているとする。祈っている人は、天照大御神《あまてらすおおみかみ》が降りてきていると思ってやっているわけです。もしそれが、実はその辺をウロウロしていたタヌキが憑いて、あなたに力をもたらしている、と言おうものなら、その人はもうやる気がなくなりますよ。

必死になってやっているのに、タヌキが憑いていると分かったら、侘しくもなり、虚しくもなる。最後にはもう放り出して、「俺、こんなの嫌だ」っていうことになってしまう。

しかし、「私には神様がついている」と思えば、誰でも頑張れる。

だから、別に神様が降りていなくても、「神様がついている」でいいのです。そのように信じてお祈りをしている人たちにとっては、それでなければやれないでしょう。またそれを

ある日突然浄霊が
できるようになった

信じ込んでいて、それでいいと思うのです。

これも浄霊の世界のなせる技です。

だから、「あなたには神様はついてないよ。それはキツネが憑いているんだよ」なんて言う必要はない。キツネだけど、あなたには天照大御神《あまてらすおおみかみ》がついているのでいい。これが浄霊の世界です。

しかし、たいていの場合、本当はキツネや動物霊が憑いているのを知らずに浄霊を行っています。

では、どうして天照大御神《あまてらすおおみかみ》や八大竜王《はちだいりゅうおう》になったかというと、その憑いている動物霊が、「私が天照大御神です」と言わせているからです。

ただそこには問題があります。祈祷師の人や、そういう人たちが、いつまでも壮健であればいいのだが、だいたい、今述べたような方法を続けていると、後になって体を害する人が多いように思う。

それでも、そのこと自体が悪いこととは思えない。なぜなら100人の人を、あるいは

1000人の人を救って、自分が没するとしたら、100人や1000人のために素晴らしい働きをしたことになる。

私は「100人を救って、そして自分も健康でいたい」という考え方です。もし、その人がキリスト教の敬虔な信者なら、人を救うためには私のようには考えないでしょう。つまり、これは考え方の違いです。

例えばブラジルの有名な医学生のフィリップの霊。その霊に憑かれた人は突然病気治療ができるようになることで知られている。今の代でもう4代目になります。しかし、その霊に憑かれた人はみんな死んでしまうことになる。交通事故や不慮の事故で。でも憑いた人は、そのことをみんな知っています。私にフィリップが憑いたら、患者を100人、200人、あるいは1000人救えるかもしれない、と喜ぶのです。

だから「最後に死ぬことなど、どうだっていうのだ」と気にしない人にしか憑かない。

今、フィリップが憑いている代の人は少し長い。フィリップが憑いてから4、5年以上も経っています。

ともあれ、フィリップが憑いたら、3年とか5年とか、長くとも7、8年で死んでしまう。それでも後悔する人に憑きません。人を救うことに感謝でいっぱいの人に憑くのです。そして多くの人を救って、自分は死んでいく。けれど、その人にとってそれは非常に嬉しいことなのです。「人を救って自分が死ぬのは嫌だ」なんて言っている人では駄目です。そんな思想背景の人には決して憑きません。

「大勢救って、自分が死ぬ。そんな素晴らしい生き方はない」と思える人に憑くのです。だからそれはそれで素晴らしくていいと思います。人はそれぞれ、個人の考え方がありま す。また、そういう形で救うしか方法がないフィリップは、それはそれでいいと思う。数多くの人が救われていくのだから。

このように浄霊というのは、人間に非常に深く関与しているものです。

これで浄霊の原理はどういうものか。また、浄霊の原理を分かっていない人が行う浄霊でも、どうして病気は治るか、どうして目的を達成できるかということを理解してください。

ただし、お祈りの浄霊には限界があります。浄霊する対象が強いものは駄目です。弱いも

自分のレベル以上の浄霊はできない

のはなんとかなります。あるいは性格がそれに近いもの。つまり、ちょうどそのお祈りに合ったもので、うまく浄霊されるものは治ります。目的もかないます。もちろん、目的は病気だけに限らない。商売繁盛を目的に、狂ったようにお祈りして成功する場合もあります。それも浄霊の一つです。

例えば、ある人が商売繁盛で狂ったように頼んだとする。邪魔する霊がここにいる。そして商売繁盛を協力してくれる先祖霊が後ろにいる。そしてその先祖は「このクライアントはうちの子孫だからなんとかしてやろう」と思っている。

クライアントは「商売繁盛、商売繁盛」と、必死になって祈ります。そうすると、先祖霊は必死になって協力をして、商売が成功する場合もある。お祈りはそういう世界です。お祈りも、そういうところで成功する世界です。

もちろん、すべてが成功するかというと、そうではない。その人の成功するレベルで成功する。その人の成功する範囲の病気を治す。そういうものです。

例えば、ある人が商売繁盛目的で、ある祈祷師のところへ行ったとする。その祈祷師の浄霊レベルを仮に5とする。クライアントの商売が成功するには10の浄霊レベルが必要である。この場合、クライアントの商売繁盛の祈願は成功しません。そういうことです。

ところが、別の祈祷師はクライアントの目的に見合う方向のレベルをもっているとすると、今度はクライアントに協力することができる。その結果、クライアントの祈願は成功することになる。

このように場所によっても違うし、人によっても違う。だから、いろんな方向性が浄霊にはあるということです。

通常、祈祷レベルの浄霊では、一つの基準（処理する霊処理の対象が一つという意味、例えば水子だけとか、イヌやネコだけの一種類の動物霊）によってしか解決できない。

しかし、趣味の会で行う浄霊は、あらゆる動物霊、あらゆる人間霊、つまり、先祖霊も、生霊《いきりょう》も、自縛霊もあらゆる霊に対して対処できる。それがここの浄霊です。だから、趣味の会の浄霊レベルは非常に高いわけです。また、ここの浄霊というのは、まったく自分に害を及ぼさない浄霊です。

浄霊をすればどうして暗くなるのか

昔から言われているように、自分の浄霊が自分にとって、害があるかないかを見分けるのは簡単です。通常だと、浄霊をやればやるほど暗くなっていくのが、浄霊の世界です。ただし、これは趣味の会で行う浄霊を除いてのことです。趣味の会では、誰も暗くなる人は一人もいません。能天気な人は、能天気なままですから。しかし、巷で行われている浄霊の世界では、能天気な人もどんどん暗くなっていきます。能天気のままでいられないのが浄霊の世界です。

なぜなら、次第に浄霊師が霊の返りを受けることになるため、能天気な性格の人でも、いつしか暗くなっていくのである。

ではどうして、巷で行われている浄霊では、浄霊師がいろいろな被害を被るようになるのか。どうして暗くなっていくのか。

例えば、先に出てきたフィリップが憑いて、突然治療ができるようになった人の寿命もやはり短くなる。どうしてかというと、やはりフィリップが憑いた人間よりも、フィリップの霊の力のほうが強くなってしまうからです。その結果、本来、備わっている自分自身のコントロールが弱くなり、ふとした事故で死んでしまう、ということになったりするのである。

つまり、自分をコントロールする力が弱くなっていくのです。このように、ふとした事故で、今までフィリップに憑かれた人はすべて亡くなっています。

日本では、フィリップの霊のように人の霊が憑くというよりも動物霊が憑いて、突然治療ができるようになるというケースが多い。

しかし、やはり動物霊が憑いても、フィリップの霊と同じように、その人間をだんだんコントロールして動物化していきます。

リュウが憑いている人間は、リュウ化した状態になっていきます。ヘビが憑いた人は、ヘビ化していきます。それはやはり、本来の人間のあるべき姿ではないというふうに、私は判断します。

ある時期を超えたら
その動物霊の魄が悪影響をあたえる時がくる

動物霊が憑いて突然治療ができるようになる場合、一番多く憑くのはリュウです。その次に多いのはヘビで、三番目がキツネです。

ただ、リュウが憑いた人は有頂天になって治療を行っている人が多いです。そしてリュウなりに治療できますから、リュウは喜びます。感謝されたら、リュウも感謝されているからです。ヘビだって喜びます。動物霊は当然、喜ぶわけです。リュウだって喜んで治療に手を貸すでしょう。自分の力が役に立つのだから。

リュウなどがなぜ人に憑くのかというと、憑いた人間、すなわち本人が病気治療をしたいと望んでいることもある。また、その人が望んでいなくても、突然、治療をやるようになったりするのは、やはりリュウ自体に治療の力があるから、治療するということろもある。

しかし、その状態はどうなのかというと、リュウがずっーとその人にピッタリとくっついているため、ある時期を超えたら、そのリュウの魄《はく》が、その人間に悪影響する時期がやってきます。たとえリュウが悪くしようと思っていなくても、リュウそのもの、動物霊そのものが、人間に悪く作用するときがきます。なぜなら、どんなに素晴らしいリュウやヘビや動物でも、しょせん動物は動物だからです。

人間はやはり万物の霊長です。動物霊がたとえ悪い作用というか、いわゆる、人間に悪影響を与えないように思っていても、結果的には悪い作用になってしまうということです。

動物霊が憑いた当初は、その人のすべてがよくなります。例えば、病気治療をする人ならどんどん病気が治っていくわけです。というのは、リュウにしても自分を大切にされないと困るわけですから、力を貸すからです。

浄霊の変遷

浄霊の一番原始的な形というのは、お祈りでした。これが浄霊の最初のスタートです。お祈りというのが基本でした。

それから、お経、祝詞《のりと》に形が変わっていった。つまり、それは浄霊レベルが上がっていったということです。より高いレベルに、どんどん上がっていったわけです。そうして、今度は、その浄霊そのものとは別に、封じ込めや払いなどのいろんな技術が出てきたのです。

このことを意識しないで浄霊を行っている人たちが今あまりにも多いのですが、浄霊の歴史はそういうところにある。

正規に霊を上げるという浄霊では、「上がった」とか、「上がってない」とかというところを常に認識します。ただ、浄霊を行う者が、一応「上がる」ということや、浄霊の歴史を何も知らないのは困るわけで、浄霊というのは、そういう世界だということを理解してほしいと思います。

さて、「上がる、上がらない」の認識がない浄霊では、お祈りのようになってしまって、レベルの低い浄霊しかできません。

今では、より高いレベルの浄霊ができないと、願い事もかなわない、商売も繁盛しない、病気も治らない、という状態になっています。

では、なぜ祈りがそんなに盛んではなくなったのか。

それは昔だからというのではない。祈りで処理できる浄霊のレベルがあまりにも低いから、次第になくなっていったということです。

お祈りを始めた頃は、それはそれで効果があった。つまり、効いたわけです。ところが、現在それでは結果が出なくなった。それはお祈りの効果がなくなったということではない。効果を出せるために超えなければいけないハードルがだんだん高くなっていったからです。運勢や病気におけるマイナスの影響が昔よりドンドン強くなっているのです。

例えば、商売でも、物々交換の時代に、今の商売中心の時代を誰が想像することができたでしょうか。これだけ複雑で競争相手が多くなるとは物々交換の時代に考えた人はいたのかどうか？

例えば、現在Aさんがある商売をやっているとする。すぐ近くに同じ商売をやっている人がいる。さらにその隣でも同じ商売のお店があったりする。そうなると、それぞれがもう必死になり、あの手、この手を使って自分の商売を成功させようとしのぎを削ります。

そのため、浄霊で商売を大成功させるには、競争相手を超える浄霊レベルが必要となる。

ところが、昔はどうだったかといえば、Aさんが商売をはじめても、商売敵どころか、同じ商売をしている人を見つけるのにも一苦労で、はるか向こうの隣町へ行かなければならなかったわけです。

そういう状態では、浄霊で商売を大成功させるには、レベルはずっと低くていい。低い浄霊レベルで、どんな願望も成就したわけです。

病気もこれと同じで、昔はお手当てというレベルで病気が治る時代があった。時代とともに病気に効くよい薬が開発された。しかし、どんなによい薬が出ても、すぐにまた、その薬を超える強い病気が出現してくる。そこで、その病気を超える強い薬が開発される。しかし、またそれを超える新たな強い病気がでてくる。このようなことを繰り返す中で、病気という、マイナスのレベルがどんどん高くなってきたのである。

だから、現在に至って、どんなに医学が進歩しても、難病、あるいは不治の病というのは減るどころか、増えているのである。現在の病気を浄霊で治すには、それを超えるだけの浄霊レベルが必要となる。

つまり、必要とされる浄霊のレベルは、どんどん上がっている。昔は低くてよかった。病気のレベルも、浄霊のレベルも低かった。願望成就する浄霊レベルは低くてよかった。今では、どんどん高くなければならない時代になった。だから、今どきお祈りをやっても、なかなか成功しないのである。

また、上の世界へ上がりきれない霊の状態も、やはり昔より、苦しみとか、そういうものがひどくなっている。

今の時代は、すべてが昔のように単純ではなくなった。昔も恨みとか、そういうのはあっても、今のように恨み重なる、というような悪質なものはなかった。現代ほど悪質なものはない。人間を恨むにしても、昔の、ちょっと恨むのとは違って、どんどんその辺はエスカレートしているということです。恨みの霊の程度もひどくなっている。

例えば、ある人が隣の人に１００円取られたとする。昔なら「ドロボー、返してくれーっ」で終わりです。今から１００年ぐらい前の人は、１００円取られても、何回でも騙しには来なかった。ところが今の人は、数十万円、数百万円を何回でも平気で騙したり、一辺に大きく取ったりする。しかもそれが日常茶飯事にできる。そういう類の人が大勢いるわけです。だから悪い程度の質もレベルも変わってきているということです。

また祈りについても、非常に高い祈りのレベルを持っていれば成功するわけですが、そうでないところは、成功するのが非常に難しくなっているということです。

今、九州あたりで祈りがものすごく盛んです。九州では加持祈祷、お祈りなどいろいろあります。山形とかの方に行くと、まだ加持祈祷をやっている人がたくさんいます。そういうところのレベルでは、祈りのレベルはある程度高い。ですから、みんながみんな低いということではない。

例えば、3歳からずーっと祈りの勉強をするところがある。そういうところではレベルが高い。全国にはそのようなところがまだたくさんありますが、社会の表舞台に出てくることはありません。もともとお客さんがいて、食べるのに困りませんから、表にあまり出る必要がないからです。

だから、もしこの本が出たときは、「ああ、うちのことを言っているな」っていう人たちが、数多くいると思います。

このように日本には、浄霊を正規にやっている人が数多くいるということです。何百人、何千人という人たちが、日本にはたくさんいる。しかし、そういうところには、テレビ取材は行きません。しかし、そういう浄霊がまだまだいっぱい日本にはあるということです。封じ込めをしているところもまだあります。手を置いて行う形もあります。お祈りも、祝詞も

浄霊レベルは
どんどん上がらなくては
いけないのに…

使った浄霊もいろいろあるわけです。

ともあれ、浄霊レベルというのは、どんどん上がっていかなくてはいけないのです。上がらなくてはいけないのに、今の日本の現状は、浄霊レベルがあまり上がっていない。それどころか、浄霊の灯《ひ》がだんだん消えていくようです。

「これではよくない。浄霊の正規の形を日本に残さなければいけない」と、気が付いたのです。

そういう理由から、私は浄霊を趣味の会で教え始めました。これからは、浄霊レベルがどんどん上がっていくだろうと期待しています。

コーヒーブレイク

③

幻のマントラ

浄霊の世界では、少名彦名《すくなひこな》のマントラとか大物主《おおものぬし》のマントラとかというものがあります。

昔は「真言マントラ、3000万」という値段がつけられていました。実際、その修行をして、最高峰に昇りつめた人が最後にもらうのがこのマントラです。

しかし、最近では修行する人がいませんから、今ではどこにあるのかわからなくなってしまった、というのが現実です。すでに数十年も前に、マントラの存在がもう定かでなくなっています。

今ではそれを使っている人はいません。誰か、その後継者が持っているのだろう、ということで、幻の存在となったようです。

ただ、浄霊の最高峰というのは、マントラで霊を上げることではない。

マントラを使って霊を上げるには、ある程度、修行する必要があります。

浄霊とか、いろいろ一通りの訓練を受けて初めて、マントラを使えるというのが本来のマントラの使い方。何もやらなくて、マントラだけで上げるということはできません。また、いくら修行したからといって、すべてにマントラを使うというわけにはいかない。

とは言え、いろいろ修行した上で、マントラの力がきたら、やはりすごいものがあります。

誤解がないようにあえて言うと、マントラは祝詞ではありません。祝詞《のりと》は浄霊の手段であって、マントラではありません。

第4章

死後の世界——その2

心の色が死後の行き先を決める

死後、暗い心のままで、上の世界にいけない霊はどこに留まっていることになるかというと、真っ暗な心のままの次元にいます。

通常、仏教でいう成仏というのは、幽界に行くと表現しますが、いわゆる幽界、霊界とは次元を表します。つまり、幽界や霊界が、上にあるわけではない。それはここにあると言ってもいいのです。その場で幽界、霊界を経験します。ここに留まるわけです。

つまり、その人が次元を作り出すことになる。

例えばここで人が死ぬとする。その人が真っ暗な心で死んだのなら、その人（霊）はその場所に黒い心のままでいることになる。だから、家の中で人が死んだりすると、その家の自《じ》縛《ばく》霊として出てきたりすることになる。

この黒い心という状態が一つの次元です。その家の中に黒い心を表す一つの次元ができる

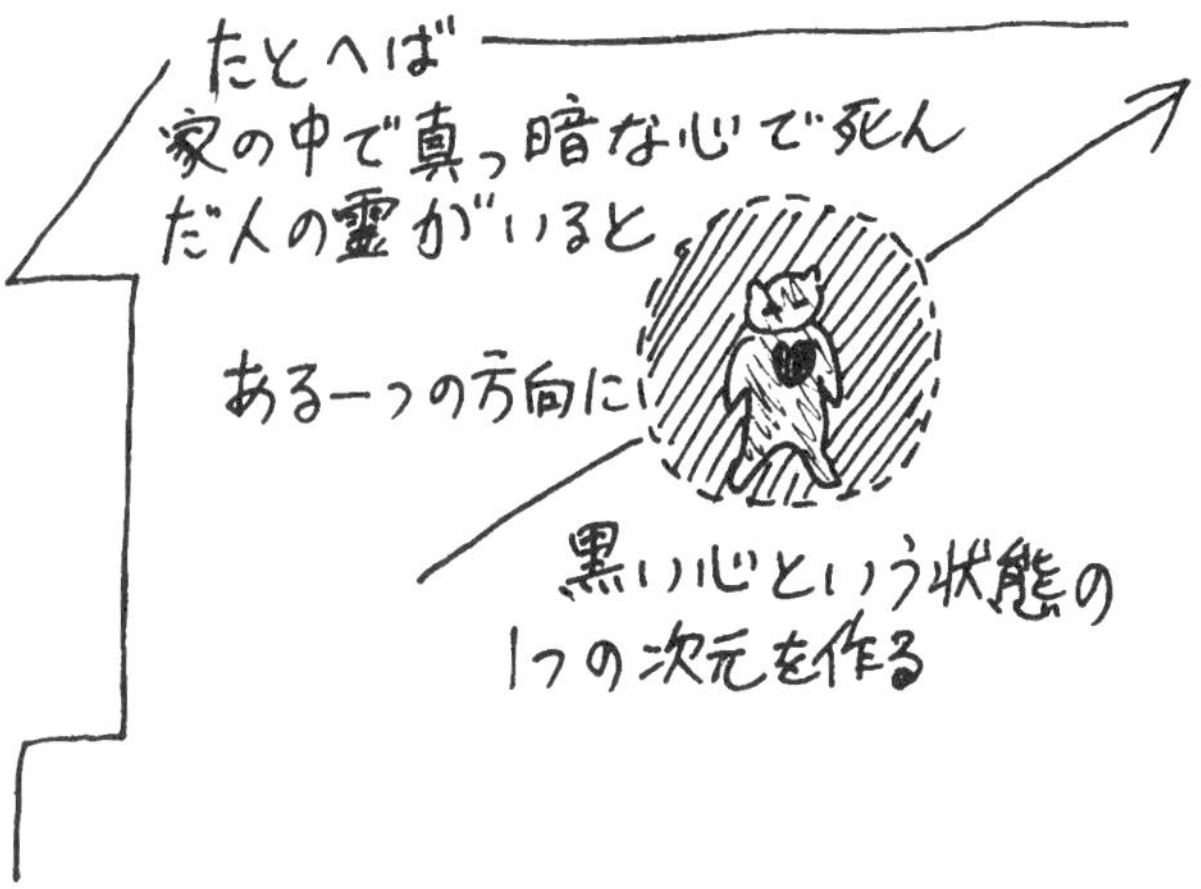
たとへば
家の中で真っ暗な心で死ん
だ人の霊がいると、
ある一つの方向に
黒い心という状態の
1つの次元を作る

ことになる。

そして、この次元はその家にある、というより、一つの方向性にあると思ったほうがいい。霊はその方向に動かないで留まっている。

例えば、ある人が死んで、そこに一つの次元を作ったとする。その次元をここから見て、南の方向にあるなら、その人（霊）は南の方向にいる、というように表現できることになる。霊の世界は距離と時間のない世界ですから、スポット的には言い表すことができない。ある方向性に存在するということになる。しかも、その方向に留まっている霊の次元は、ここであって、ここではないという世界です。だから自縛霊としてその土地に留まる。あるいはその土地にいるというのである。

しかし、自縛霊がきれいになって、心の状態が明るくなり、上の世界に行ったとする。すると、霊の心の次元は上がることになるので、その土地の次元も上がるわけです。

人から恨まれる人生は灰色の心を作る

ある男性が25歳のとき3人の女性を騙したとする。彼は35歳になったときに、また別の3人の女性を騙した。そうすると、その時騙された女性たちが、男性の一つの方向に憑くわけです。つまり、騙された女性たちが、非常に強くその男性に恨みを抱いた瞬間に、女性は恨みの霊として彼に憑くことになる。

女性たちが男性を恨んだ瞬間が増えれば増えるほど、恨みの霊（その女性たち）が男性の一つの方向に憑くわけです。

この瞬間を一枚の紙だと思ってください。あるいは、一枚の絵だと思ってもよい。そうすれば、その瞬間が、つまり、女性たちの恨みの瞬間が積もれば積もるほど、幾つも幾つも恨みの絵が男性に憑いていることが理解できると思います。彼の心の色はどんどん暗くなっていきます。

もし、男性がその一枚一枚の絵を、すなわち、彼を恨んだ瞬間に憑いた女性たちを一人、一人を浄霊すれば、男性はきれいになる。もはや、彼が恨んでいる女性たちからの影響を受けることはない。

一方で、男性を恨んだ仲間同士というか、その男性と関係があった人（恨んでいる女性）たちは、お互いの存在を認識しています。その人（霊）たちの間ではただそれだけです。

しかし、彼が自分を恨んでいる女性たちを浄霊しなかったら、その女性たちはそのまま男性に憑いたままで、その男性は生涯そのままということになる。

前世で業を解消できなかった人間が、今世、その業を解消すべき、ひどい境遇や災難にあったりすることがあります。

その人間がたまたま浄霊に出会い、今の災難を浄霊で解消しようとすると、浄霊で関わってくる霊全てが、すなわち、自縛霊《じばくれい》も先祖霊も生霊《いきりょう》も女性という場合があります。それは前世で、もてあそばれた女性たちの恨みが、今世、その男性に災いとして出てきているという場合です。業《ごう》の解消というのは、そういう形で出てくるわけです。

1枚
2枚
3枚
幾つも幾つも1枚の絵が
重なって憑いている…

地上は舞台。与えられた配役を精一杯生きる

だからといって清い生き方をしなければいけないというのは、また別の問題です。霊の世界では、何が悪で、何が善かわからない。

つまり、霊の世界には善悪という観念はない。今の例のように、女遊びばかりする、浮気ばかりするのは悪いことなのか。とんでもないような考え方をする人間は悪だから当然、悪なのかというと、霊の世界では、悪も、すなわち善という考え方。それは確かにそのまま正道なのです。悪を行うのはその人間が悪役かもしれないし、反対に善役かもしれない。

悪というのは、やはり、自分を高めるための手段です。霊の世界、神の世界で悪は存在しない。悪は、やっぱり自分を高めるための手段。だから悪役も必要なのです。

あくまでも地上は舞台です。舞台と考えればいいわけです。だから善役も悪役も主役もい

るわけです。今回、主役で生まれ出たら、この次は、脇役をする。その次はまた主役になる。主役、脇役といろいろです。だいたい一回ずつ、主役、脇役があり、今世、主役で出たら、来世は脇役。そしてまた主役というように繰り返すわけです。

確かに悪役をやったときは、やはりその相手から恨みを買います。

それはやはり業になるが、その業を解消すると、その人は成長することになる。人間は、進歩発展するのです。それはその人なりの成長の過程であって、その人は、そういう形の成長を取ったに過ぎない。

これが霊の世界での解釈です。

例えば、Aという人がいる。

この人は、現実界では、いろんなところで恨みを買った人間です。しかし、先ほどの解釈で言えば、それはそれで悪役を演じたことになる。ただ、人間によっては、そういう方向性に向いている、向いていないということがあります。

彼は、むしろそういう方向性をもっていた悪役とも言えるかもしれません。あれはあれでいいと思う。つまり、善役に向いている人があんまり悪をやっても、うまくいかない。もともと役目の違うところを演じたところで、結局それは自分を壊すことになる。だいたいそういうのは、性格とか、形とかで分かるといわれています。

例えば、まじめ一筋で、女関係には明らかに縁の無いような男性が、さあ、今からいっぱい女遊びをしようとしても、それはできません。

つまり、彼は　だいたい、そういう性格とか方向性ではないからです。

にもかかわらず、あえてやれば、彼はそこで自滅することになる。

そういう運命にあるわけです。だから、そういうような境遇というか、立場というのは、地上に下りたときに決まっているのです。反対に女遊びばかりするような人は、地上に出てきたときは、それを規制する人が周りにいないという形になったりする。

人生を完全に全うしつくした時に現われる心の色

人間というものはやりたい放題、し放題である。しかし、その後どれだけそれによって自分を磨くかにかかっているわけです。その人なりの一つの成長過程があり、最後死ぬときに、その人の心の色がどういう色をなしているかによって、死後行き先が決まることになる。

それでは、女遊びが大好きな男性が女性を究めた人生を歩んだ場合、果たして心の色はどうなるのか。

心の色がいい色になるかどうかはわかりません。心の色とは、その人の持つ色です。あくまでも、その人が真実の人生を歩いた結果、出てくる色です。その人が一生懸命努力して、最後に出す色なのです。

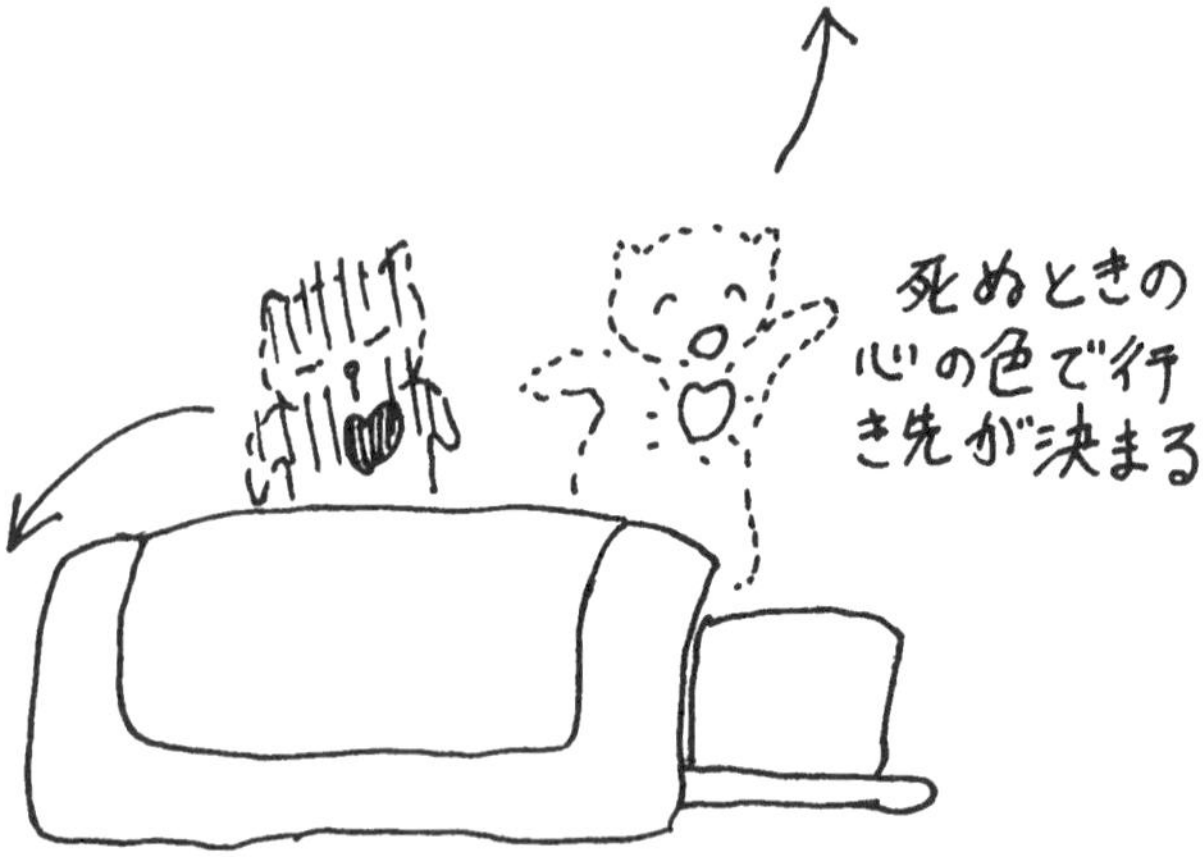
死ぬときの
心の色で行
き先が決まる

心の色は、生きてる間、肉体があるから見えませんが、肉体が無くなったとき初めて、その色が自分に帰ってくる、つまり、出てくわけです。

死ぬまで努力して、最後に出てくるものが心の色です。

死後の寄り道

死後、上の世界（霊界）へ、つまり、その人の行くべきところに行くために自分をきれいにすることが大切です。

ところが、上の世界へ行く途中に、何々界と呼ばれる、地球ぐらいの大きさの世界がいろいろあります。

そのため死後覚醒したら、何々界と呼ばれる世界にあっちへ寄ったり、こっちへ寄ったりと寄り道する人間が多い。

例えば、菩薩界へ行く人もいれば、そのまま地獄のようなところへ入る人もいる。

霊界
ゴール
霊界へ行く
途中には色々な
世界がある

「霊界を見た」とか言って、あっちこっち、いろんなところに行くのです。

例えば、死んでも、女性に対しての思いがまだ残っていると、女性ばかりがいるところへ、いわゆる、女地獄と呼ばれるような、周りが女ばかりの世界に行くこともできるのです。ただし、そこから出られるかどうかは保証の限りではありません。

あっちこっち寄り道していくことのできる世界は、実は幽界より下に存在します。

今は、その幽界の定めが、はっきりしていません。幽界というのは、すでに無くなったので、その世界は霊界より下にあるというのが正確な表示です。

今、巻で出ている、その類の関係の本で、いい世界に行った、と述べられているところは、すべて霊界より下の世界のことです。

霊界は全く違うところです。そして、一度霊界に行ったら戻れないし、また、通常見えないはずです。そして今、そのへんのことを正確に書ける人はいないと思う。

さて、話をもとに戻すと、死後、覚醒したら、行くべきところに行くというのは霊界です。そこで、魂魄《こんぱく》の統合を図るわけです。

死後、まず最初に、真っ直ぐに霊界に行って、魂魄の整理統合を図っていく。これが本当の、まともな道程です。

とにかく、幽界はもうありませんから、そのまま霊界に行くわけです。ところが、女に未練がある人は、女地獄に行くわけです。死んだ後、寄り道してしまうわけです。

どこへ行けるかは、その人の想念に合った世界に行くことになります。

景色のいいところへ行きたい人は、景色のいいところへ行く。そしてその想念が、お花畑を望んでいる人があまりに多いために、多くの人はやたらお花畑に行くことになる。つまり、お花畑という想念の世界があるのです。

そういう想念の世界がいくつもありますから、それぞれ思ったところへ行くことになります。

ではどうして、想念の世界に行くかというと、これも一つの業の解消になるからです。きれいな解消となる。

ただし、想念の世界に行って、そのまま抜け出して、終わりという場合もある。しかし、業の解消ができない間はその世界から抜け出せないで、そのまま居続けることになるわけです。

例えば、「女遊びにまだまだ未練がある。まだ十分遊びきれたわけではない。このまま終わるのはいやだ」という思いがある場合は、そういう想念に引きずられて、女地獄で女遊び

をし続けることになる。そして十二分に遊びきって、「もういいや」と悟ったときに、女地獄から抜け出すことができるのである。業を解消することで、きれいになり、そこで初めて上（霊界）を目指すことになる。

反対に、そういう想念というか、未練などの思いがなかったら、真っ直ぐ霊界に行くことになります。

しかし、もっと楽しい思いをしたい。きれいなお花畑を見たい。それを作り出すのが想念の世界。それは心のままの世界なのです。そういう想念の世界は、霊界の下にいっぱいあり、死後、自分の想念の世界に留まることになります。

そしてその留まった世界が一つの次元であり、死

霊を呼んだとき、その霊のいる次元
のままでそこにいる

後、どこか想念の世界へ移動していくということではありません。

なぜなら、霊の世界は距離も時間もない世界だからです。

留まった一つの次元に死後霊は留まるのです。だから霊を呼んだとき、そこにいるのです。

そういう想念の作り出す世界はいくつもあります。大きさを例えれば、だいたい地球ぐらいのが、いくらでもあるというふうに考えてもいいでしょう。その人にとってはいい世界ばかりです。

巷では「三途の川を渡るんだ」とか、なんだかんだ言います。そしてみんなきれいな世界を望むから、お花畑が一番多いわけです。

少し余談ですが、実際、浄霊で霊を上げていると、お花畑が何度も見えますが、あのお花畑は面白いところです。

お花畑の花は地上にある花のすべてがそこにあるのですが、ちょっと地上のお花と違うのです。ちょっと形が違う。

例えば、チューリップは変に花が大きい。葉っぱもあるけど、「なんか変な葉っぱだな」っていう感じのチューリップです。

レフレシアも結構ある。なぜあんなにでっかいレフレシアがあるのかは知らない。でも主流はやはりレフレシアだな、なんて思って見ています。世界最大の花です。

その他、菜の花、わけがわからない四つ葉の花などいっぱいあります。

しかし少し地上の花と違う。似ているけど違う。それは地上の花の一種の反映なのでしょう。地上でいろいろ花を見ていて、愛でているから、その心が反映して造りだしているのだと思います。

浄霊の意義

さて、ここで死後上の世界にいけないままでいる人（霊）たちにとって、浄霊はどういう意義があるのかということについてです。

例えば、ある人が一つの想念の世界に入り込んでしまったとする。普通ならば、自力でそこから抜け出すために１００年はかかるような暗い状態の中にいる。ところが、浄霊は、半月で、あるいは一ヶ月でその人のいる暗い次元を、明るくしてあげることができる。そして、上の世界へ導いて行けるようにできるのです。

霊というのは、ここで死んだから、ここに留まるのではなくて、その方向に留まります。成仏するというのは、ここで次元が上がることです。そして明るくなることで、３次元、４次元という、きれいな世界に行けるわけです。いわゆるこれを、仏教では成仏といい、浄霊の世界では幽界に上がった、成功したということです。そして本人は、初めて苦しみから完全に抜け出すことができるのです。

幽界
浄霊とは霊が一人歩きできるところへ導いていくこと

つまり、浄霊というのは、霊が一人歩きできるところへ導いていくことです。この一人歩きができる基準が幽界を超えることです。

死後ほとんどの人が暗い世界から抜け出ようとあがいている

通常、幽界へは自力で必死になってもなかなか行けない。それが50年なり、100年、200年の月日を経て、時には300年、500年、700年という長い時間をかけて、人は幽界へ上がって行くのです。上の世界へ行きたいと思って努力している人も中にはいます。しかし、何がなんだかわからなくて努力している人がほとんどです。

上に行くという目標があって、そこに向かって努力しているのではなくて、ただ暗いからあがいている。つまり、死後の世界は、暗いからあがいている、というのがピッタリです。あがいているというのは、あがいている努力です。暗闇の中であがくという努力をしているということです。ただボーッとしているわけではない。どこかで、わずかなりでも努力している人がほとんどです。誰だって嫌なものです。暗闇の中にいるというのは。

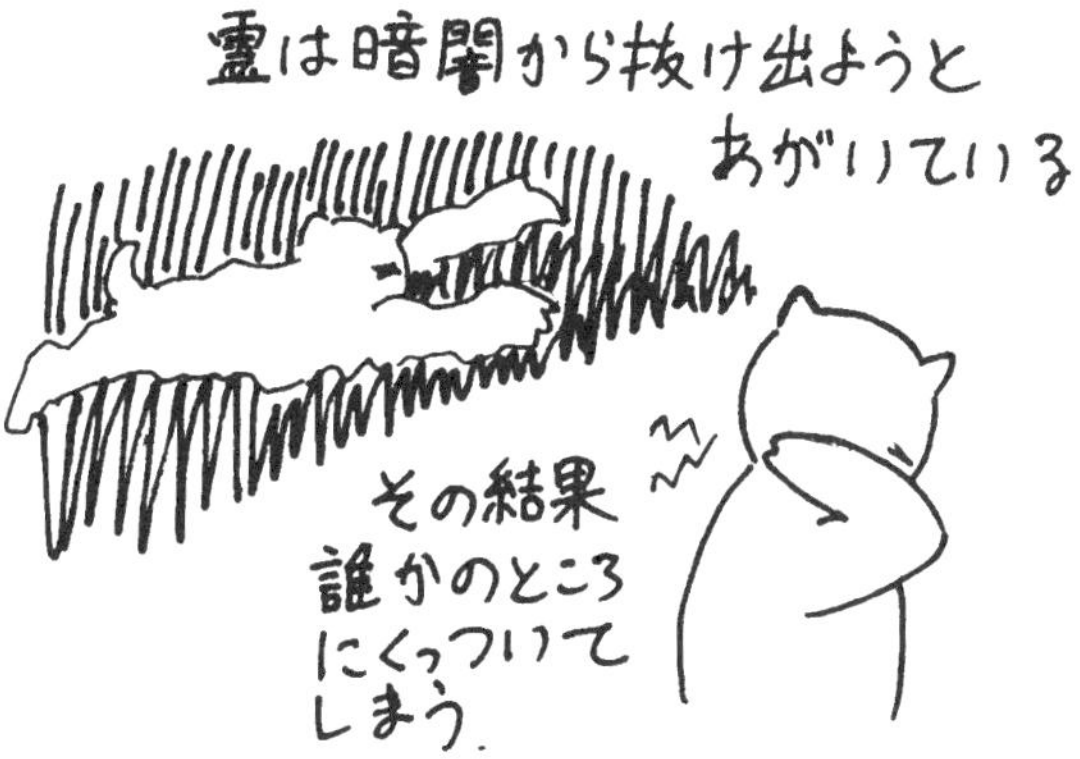
霊は暗闇から抜け出ようとあがいている
その結果
誰かのところ
にくっついて
しまう。

そこで暗闇の中から抜け出ようとしている。あがいて、あがいて、その結果、誰かのところにくっついてしまう。

霊は誰かを害しようと思っているわけではない。決してあなたを害しようと思って、霊はくっついているのではないのです。その人を害しても仕方がない。何か霊の得になるかというと、何も得にならない。ただ、あがいているが故にくっつく。霊が憑くというのはそういう現象なのです。

恐ろしい恨みの霊

とにかく、一番重要なことは、霊はその人を恨んでいるとか、その人に何かしようという意志はゼロだということです。これを知らなければいけない。これが最も重要なことです。その人に害しようという意志は、霊にはまるでないということを、絶対に知っておかなくてはいけない。ただ、それがあるのは恨みの霊だけです。

恨みは、その人の思いが
ダイレクトに行く

恨みの霊は、やっぱり恨んでいるから憑いている。その霊とは、その人に思いがあるから、そのままその人のところに行って憑くのです。

それはストレートです。恨みの思いがそのままダイレクトに、すなわち、直接相手にいくわけです。

そうなると、その思いがいった人は被害を受けます。やはり、恨みという思いは強いからです。

前世からの恨み

さらに恐いのは、恨みというのは思いだけの世界なので、恨んでいる相手がいなくなっても、別の対象にいく場合がある。

例えば、逆恨みという現象がそうです。

誰かからの恨みの霊を憑けたまま死んだ人間がいるとする。ところが、その恨みの念は、相手が死んでも収まらなかったら、別のところへ行ってしまう可能性があります。

例えば、ある女性の恨みの霊を憑けたまま、一人の男性が死んだとする。その女性（恨みの霊）が、「あっ、あいつ、死んだわ。やっと恨みを晴らせたわ」と女性の気が済めば、その恨みは解消されることになる。

ところが、男性が死んでもその女性（の霊）の恨みは晴れなかったとする。そうこうしているうちに、その男性がすぐに輪廻転生《りんねてんせい》をして生まれてきたとする。恨んでいる女性（霊）にとって、この輪廻転生して出てきた人間は、別の体を持つ人間にもかかわらず、自分を騙した男性と同一人物に映ってしまうことになる。

つまり、霊から見れば、輪廻転生していようが、その人間は生前自分にひどいことをしたあの男性だということです。たとえ、現実界では、その男性が輪廻転生して別の人間になっていてもです。

これが前世からの恨みです。だから、相手が死んだところですべての恨みが収まるわけではない。結局その女性（恨みの霊）は、輪廻転生した別の人間に憑くことになる。

このように、恨みに関しては、死んだら、霊からの影響が終わるという概念は間違いです。恨んでいる側からしたら、いくら相手が輪廻転生して別の人間になったとしても、恨みの方向は同じなのです。そういうところから、前世治療というのが存在するのです。

要するに、前世での恨みを解消してあげれば、現世の問題が初めて解消するということです。

巷では、今いろいろ前世治療というのが流行っていますが、本当の意味での前世治療というのは、こういうことを意味します。

前世からの恨みは処理しておく必要があります。けれど、そんなにたくさんあるものではない。みんながみんな、前世からの問題をひきずっているわけではないからです。

通常、死ぬと、憑依《ひょうい》している霊の影響は治まります。もちろん、相手から恨まれるようなひどいことをしていない限りにおいてですが。

例えば、ある男性がある女性と浮気してどこかにいってしまったとする。ふられた女性は、その男性と付き合った期間が短いと、男性への恨みはそんなに強くならない。だから、その男性が死んでしまったら、「ああ、死んじゃったな」で、もう終わりです。その思いは解消されてしまう。ところが、女性の思いが深ければ深いほど、今度はそれが恨みの念に変わるわけです。

霊の影響を超える

ただし、ここで知らなければいけないことがもう一つある。前世からの強い思い（恨み）が、輪廻転生した別の男性にいったとします。その男性は、恨みの霊の影響により、現世ものすごく苦しむことになる。

ところが、その男性が、その強い恨みの思いから超えていれば、なんの影響も受けることはない。その人にはなんともないわけです。どんな恨みがその男性に来ようとも、それを超えた人間であるならば、関係ないわけです。

これは通常の浄霊と同じです。霊の影響から超えていれば、なんの影響も受けることはないので、浄霊の必要はありません。

その人の生きざまを映しだす魄《はく》

しかし、悪いことばかりしている人間は、その魄《はく》がついていますから、やはり、そのような経験の色がつくことになる。

魄《はく》とは何か。

その人についているものです。それは、今までの歴史を表すものです。

例えば隣の人を一人騙したら、その人に魄がつく。その隣の人をまた騙したら、またその人に二人分の魄がつく。騙しただけの魄が、その薄い魄となって、その人につく。

そして10年、20年、そういう生き方をしていたときにどうなるか。

その生きざまが人相となり、体となり、その人の相として、すべて表されてくることになる。これが人間なのです。つまり、その人間の生きざまは、その形、顔、姿、言動、すべてに対して出てくる。これが人間の姿です。

過去についた魄を
1つ1つ浄霊していけ
ばどんどん純粋無垢
になっていく

では、ここでそのすべてを浄霊したらどうなるのか。その魄を一つずつ浄霊していったら、どんどん純粋無垢になっていくのか。その人の運勢はどんどん上がっていくのだろうか。

その通りです。

過去を洗いざらい、全部、その一つ一つの魄を思い出して、何もかも全てきれいにする。前世からのものも、子孫からのものも、すべての行為についてついた魄に対して、浄霊のあらん限りを尽くしたら、その人には良いことしかやってこない。その人には、思い通りの人生というものが待ち構えていることになる。ただし、それは仮にできればの話です。

人生は舞台。人は皆自分の配役を演じている!

とはいえ、仮に完全に浄霊をし尽くしたとしても、待っているのは、思い通りの、完璧な欲望の世界ではありません。

いわゆるお役目と言ったら格好はいいが、人は皆、自分が現実界に出てきた目的を持っている。すなわち、その目的を遂行するべき自分の配役を演じなければいけないことになっている。その配役というのは、現実界で生きていくには最も重要なものだからです。

もちろん完全に浄霊をして、自分をきれいにした場合、配役の仕事プラス、自分の好きなことを思う存分やれる人生を歩くことができます。

しかし、現実界に与えられたその人の配役をなによりもまず、第一優先にしなくてはいけない。地上に下りた役目、その配役を第一に優先した次には、自分の思った通りの人生、思うままの人生が待ち構えている。これは完全に浄霊をやった場合にのみ言えることです。

人によっては、それがお金の自由かもしれない。あるいは、女性において自由になるかも

人はまず、自分が現実界に出てきた目的、すなわち、自分の配役を演じなければならない

しれない。しかし、その人の役割を演じることが第一。その次にお金であったり、仕事であるということです。役目、お金、仕事、欲望、という順で自由になっていきます。欲望はお金の欲望から、色欲から、いろいろあります。

言い換えれば、私はお金を何よりも優先してたくさん儲けたいと思い、必死で頑張っても、自分の与えられた役目が、それによって損なわれるなら、そこにお金は来ない。女遊びをめちゃくちゃしたいと思っていても、役目を損なわない限界までは成就しても、自分の役目を駄目にするまでの女遊びはできないわけです。このように役目がまず第一だということです。

役目というのは、それを自分がわかっていようと、いまいと、そこに常に働いています。そして、そういうものをしっかりと果たすべく、浄霊することもできます。つまり、この役目とは何かと言ったら、一種の宿命と思ってもいい。役目＝宿命とも言える。そういう解釈をしてもいいわけです。

コーヒーブレイク ④

四十九日とは何か

死後、三十五日、四十九日というのがあります。それは、荒禊《あらみそ》ぎの時間です。それは荒魂《あらみたま》を取る時間なのです。つまり、業《ごう》の殻《から》を脱ぐ時間だというふうに考えていい。

人間には一つの魂と7つの魄《はく》があります。死後その整理統合を誰でも行います。そして荒魂《あらみたま》を取る期間が四十九日です。

これは仮に定められた、一つの目安であり、それが四十九日ということです。それは誰でもあり、次元には関係ない。

魄を取るための四十九日というのは、どんな人間でもあり、必ず行われるものです。

それは、先ほど述べた自殺した人でも同じように起こります。

というのは、その現象は肉体がなくなったために自然に起きてしまうとも言えるからです。

肉体が無くなっても、初めはいろんな魄がついています。50枚、100枚という魄が、肉体の周りに付随しているのです。

肉体がなくなるとその人に
くっついていた
魄が自然
に取れる

例えば、女性を何十人も騙したとか、お金を何十人も騙し取ったとか、何十人の人を陥れたとか、あるいは悪いことをしたとか、人を傷つけたとか、といったような魄がある。

その人、その人の歴史がそこに見える。そしてそれをきれいにすると言ったらおかしいけれども、肉体が無くなったために、魄が自然に取れるというふうに解釈したほうが正解です。

肉体が無くなったために、その肉体にくっついていたものがバラバラとはがれ落ちるというふうに考えてもいい。単なる物理現象くらいに思ったほうがいいでしょう。

とはいえ、ただ単にはがれ落ちるのと違って、整理統合という形が、当然そこに成立するわけです。そういう意味では四十九日というのは、重要なものとも言える。

要するに、くっついているものがなくなって、バサッと落ちたということです。それが四十九日とか、仏教でいう、いわゆるある程度の統合される時間のことです。

四十九日が一般的な基準です。神道でいうと、五十日祭といったりする。

これは浄霊とはまた別の世界です。それはもう物理的な話のことです。

そして魄が外れ、きれいになり、霊界からさらに上の次元に上がることができれば、もはや一つの方向性に縛られることなく、霊は自由自在となります。

コーヒーブレイク ⑤

家族の絆

家族との絆というのは、現世だけのものです。

上の世界には上の家族がある。しかし、現実界でも、まるで無関係の人間は家族にはならないから、何らかの形でつながっています。全く無関係ではない。通常は、その一族の中の人間が兄弟、姉妹になるというのが一番多い。

その一族から全然外れて、別の兄弟、姉妹で出るということは、あまりない。それでは絆がつながらないからです。

第5章

日本のさまざまな浄霊Ⅲ

ここで一つ紹介しておきたいことがあります。すでに何百年前から浄霊の神様というものが決まっています。

通常、その名前は大物主大神《おおものぬしのおおかみ》といい、江戸時代から奉られている。この神様が江戸時代からずっと浄霊の世界を携わっていられるのです。

そして現在も、修験道を始めとして、浄霊を行っているところでは、大物主大神を奉っています。神道でも、浄霊の神様は大物主大神ということで知られています。

そのいわれはいつ頃から始まったかはわかりませんが、大物主大神が浄霊の神様であると言う人たちがいたのでしょう。封じ込めを行う人たちも、そういった浄霊関係の人たちも、すべてこの大物主大神を祀っていました。

昔は、今よりもっと心の世界に近かったから、神さまと話ができる人たちが数多くいたのです。

例えば、土地や地域にまつわる昔話などで、よくツチノコやヌエという存在が登場します。ところが、そのような名前は実際に地上には存在しない。それでもツチノコがいるというの

ヌエ〜
ツチノコ
ヌエは本当にいた！

を誰かが知っていたわけです。だから、霊的な存在と話ができる人もいたのだと思う。

私もヌエとかツチノコが、本当にいるとは思わなかった。ところがある日、「ヌエ〜」といいながら突然出てきたから、「あっ、本当にいた」と思いました。

そういう意味では今のほうが神様と話ができる人はいないでしょう。

叩《たた》き出し

浄霊とは、すでに繰り返し述べているように、上に上げること。そしてその手段として情けをかけることです。

昔から存在し、今なお行われている浄霊の一つに、"祈り"があります。これは浄霊の中でも古い方法ですが、その他にも、"叩《たた》き出し"といわれる原始的な浄霊がある。

原始的という言い方は、現にまだ大勢の人が行っているので、大変失礼かもしれないが、すでに江戸時代から行われており、その歴史は古い。それはまだ九州のほうで非常に盛んです。

これはどちらかというと、すでにご紹介したアフリカの土人の悪魔退散という踊りに似ていて、それが意図するものにも近いものがあります。アフリカのそれは「悪魔退散、悪魔退散」といって踊って病気を治していくものです。

叩き出しは、いわゆる人間を叩いて、憑いた霊を追い出す。体を傷めて追い出す方法です。原始的な方法ですが、確かに結果は出ることは出ます。しかし、霊を叩き出せる場合と出せない場合とあります。

簡単なものだったら、簡単に結果は出ます。ただ現在は、そう簡単に解決できるものがあまりないために、叩き出しというのはあまり効果がないように思う。

というよりも、叩き出しで浄霊できるものは、非常に低いレベルの霊しか扱えないようなので、これで済まそうとすると、相当大変なことになる。

ただ、これもいろいろな方法があります。例えば、一度叩き出して駄目だったら、何回でも繰り返すというものがあるが、これは一歩間違うとクライアント（浄霊依頼者）が死んでしまうこともあるように見える。

また叩き出しは、実際に体をバタバタ叩きますので、お年寄りはあまり受けられないし、また受けることは勧められない。

この叩き出しという方法は、過去から何十年、何百年と、やり過ぎて死んだという歴史が後を絶たない。非常に残念なことです。

そういう事故が数多く過去にはあったということは、知っておいてもいいでしょう。

ただ、日本全国、まだまだそれを使っているところがいっぱいあるということを覚えておいてください。叩き出しという浄霊がまだ現在でも行われているということです。そして書物で調べたり、人に聞いたりすると、昔から叩き出しを行っていたという例が、広く一般的にも知られています。


さて、なぜ叩くかという問題です。

いわゆる魂は背中の上から入るという話があります。いわゆる悪霊は背中の、首の根元のところ、頸椎の7番あたりから入るということです。背筋が、ぞくっと寒くなるようなところです。その辺りから悪霊が入るといわれることから、バタバタ、バタバタ、その辺りを叩くわけです。

背中を叩いて、その人に入った霊を追い出すという方法です。

霊が体に入る?

ここで知っておかなければいけないことがあります。霊というのをいい加減な知識で知っている人間は、霊は人の体の中に入ると思っています。

人体に霊が入り込むということは、決してありえない。本人の霊体があるので霊が入れるわけがありません。絶対に、どんなことになっても入れない。

人間は、魂魄で包まれているので、その中に入るということは、不可能だからです。

以前、その関係の人に「霊がどこにいるか見てください」ということを何回も言われたことがあった。それで、「じゃあ、霊がどこにいるか、見ましょう」と、霊が入ったといわれる人を見に行ったことがあります。

霊はちょっと
離れた位置に
いる

確かに霊が人の体に入ったようには見えます。しかし、実際は人体の中には何にも入っていません。ただ霊と同通しているだけです。本人がそう思っているから、そういうふうに見えるだけです。ちょっと離れた位置に霊がいます。

叩き出しの意義

さて、叩き出しに話は戻りますが、クライアントをバンバン叩くことによって、クライアントにくっついている霊が、「あの人は自分のせいで傷めつけられているのだわ」と心に感ずるわけです。

そのうち度が過ぎればクライアントだって死んでしまうことになる。その辺は、人間的に考えればいいわけです。

霊というものを特別に考えるから、「なんで叩くと霊が出ていくのか？」という疑問がでてくることになる。特別に考えるからわからなくなるのです。

例えば、憑いている霊が、「私のためにこの人（クライアント）が、バタバタ、バタバタ、

叩かれているのだわ」と、気が付く。そのうちにその人が死にそうになったら、いくら霊でも、いたたまれない思いになってしまう。

叩き出しというのはそういうところに働きかけるわけです。

叩かれているのを見ていて、この人は自分のために（自分が憑いているから）叩かれているという思いはどこかにあります。また、叩くという攻撃の波動は霊にも伝わることになる。だから叩かれれば、ある程度、霊はその人間から離れるわけです。

とはいっても、すべての霊が離れるとは限らない。叩かれて出ていくのは、やはりレベルが低い霊と思ったほうがいい。むしろ、叩かれることによって、そのクライアントが霊の影響を超えるというふうに解釈するほうがよいでしょう。つまり、クライアントが超えられなかったら霊は離れないわけです。

これが叩き出しです。

今、叩き出しをやっている人たちは、そのほとんどが突然できるようになった人たちのように思う。その人たちはそれをどこかで見たり、聞いたりして、「ああ、ただ叩くだけだな。これはいい」というところで始めた人が多い。

もともと浄霊というものを知っている人間や正規に浄霊を習って、正しく勉強している人は、叩き出しを行うことはほとんどないようだ。

霊動

その次は霊動についてです。霊動とは文字通り、霊によって動くこと。すなわち霊に反応して体が踊りだしたりする状態のことです。

一番多いのは、クライアントが倒れて騒ぐ。これが最も多いわけです。テレビなんかを見ていて、よく見る光景だと思います。

以前、和歌山の方で、いわゆる、倒れたり、踊ったりするのを教えているところがありました。今は行っていません。この方法は、誰でもやり方さえ覚えれば簡単にできるようになるそうです。

それはだいたい動物霊が憑いて行うものです。クライアント（浄霊依頼者）が来たら、人間をすぐにのたうち回らせたり、這い回らせたり、大騒ぎさせたり、あるいは踊らせたりして行う。この方法も、はっきり言って、浄霊で取り扱う対象は低いレベルのようです。

浄霊には原則があります。人を倒したり、のたうち回らせたりする浄霊は一番危険ですから、そのような浄霊は行ってはいけないというルールがあるのです。

霊動は、動物霊が憑くことによってのた打ち回るものですから、この方法は高い浄霊レベルを必要としません。

以前、その方法を短期間でマスターして、日本全国を回り大もうけした人がいました。のたうち回ったりする方法は派手ですから、結構請けがいいのです。そして彼はそれを始めてから3年で死にました。

踊らされるクライアントの方は、それを受けても一回くらいですから、死ぬまではいきません。しかし、何度もそれを受けていると、だんだん霊媒体質に近づいていきます。そして、霊動をさせる方も次第に憑いている動物霊にコントロールされていくことになり、自分で自分の命を守ることができなくなっていきます。

査神（さにわ）

さて、今度は少し高度な浄霊についてです。

これは素晴らしい方法です。いわゆる人に霊を降ろす方法についてお話しましょう。

これは人間の霊だけです。男、女、人間の霊だけの処理に用いるものです。動物霊の処理ではありません。

動物霊の処理のためには封じ込めという浄霊がありました。封じ込めは動物霊を処理することによって病気を治す。そういう種類のものです。

人間霊を降ろす方法は、査神《さにわ》という。これは独特の言葉です。ただし、本当の査神という

のは、後で述べますが、人間霊を降ろすという意味ではありません。

さて、この査神という浄霊ですが、査神師《さにわし》と霊媒師《れいばいし》が行います。

霊媒師を、霊媒にして、いわゆる人間の霊を霊媒師の体に降ろします。つまり、先祖霊や憑依霊《ひょういれい》を霊媒師の体に降ろして、降ろした霊にしゃべらせるわけです。

霊媒を使った浄霊の完璧な形というのは、導師、査神、霊媒師の3人が揃うのが本来の形です。

ところが修行した導師《どうし》、査神師、霊媒師の3人を集めるのは難しい。これはほとんど不可能なことです。

それで3人がいつも揃っているところはほとんどありません。この場合一番省かれるのは導師です。査神師と霊媒師の二人で行うことになります。もっとも少いところでは霊媒師だけで行う場合も中にはある。

大体、真ん中に霊媒師を中央に置いて、その脇に査神師が入ります。その前方に導師が座ります。これをいわゆる浄霊の型という。この形をとっている人たちが大勢います。もちろん、３人が揃っていれば素晴らしい形となります。

では具体的にどうするかというと、例えば、ここに先祖霊がいるとする。査神師がその先祖霊を霊媒師に降ろします。霊媒師は、その憑いた霊になりきります。

さあ、これで浄霊が始まります。

その霊が女性なら女性の言葉、男性なら男性の言葉でその霊媒師は話し始めます。そして、生きていたときに、女性に騙されたとか、男性に騙された、お金で騙された、土地を取られた、などといった思いのたけを、その霊にしゃべらせるのです。

これが浄霊の本当のあり方です。浄霊は、霊に情けをかければいいのです。そこでこの方

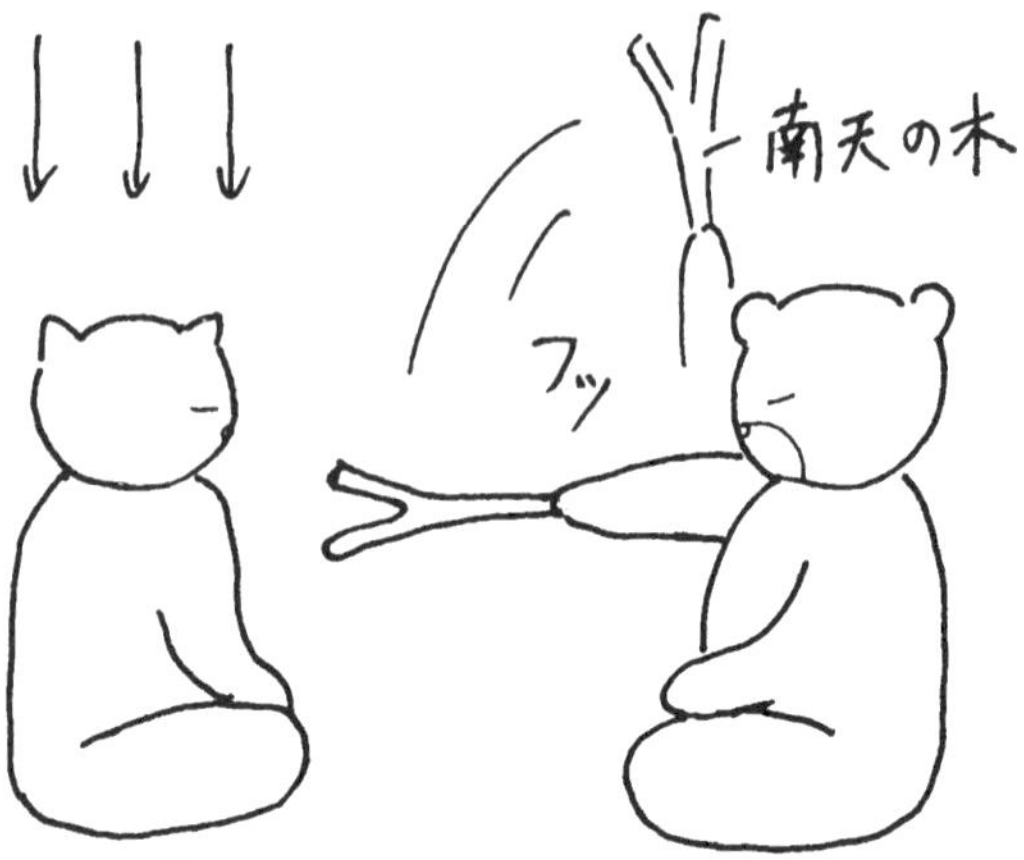

導師がいるときは導師が霊を入れる

法は、本人（霊）が全部話します。霊にとってはこんないいことはありません。全部思いのたけを吐き出したら、霊は明るくなります。そして最後に、みんなで上の次元に上げるのです。

これが日本では一番良く行われている方法です。

趣味の会を除いては、この方法が一番高度な浄霊のレベルに属します。霊媒師を使って、人の霊を降ろして上に上げる。

そのとき、霊に話をさせるというのは、情けの一つの方法です。その他に、食べさせるというのもあります。食べ物を使って満足させるというのもあります。この方法では確かに早く浄霊が終わります。当然霊は満足して、おいしいのですから。

この場合、その霊媒師が物を食べます。お酒も飲みます。

ここで、一滴の酒も飲めないような霊媒師だったら、どうなるか？

例えば、酒飲みの霊が入ったとします。すると霊媒師はいくらでもお酒が飲めるようになります。お酒を飲めない霊媒師もこのときばかりは飲めるのです。この場合、霊媒師は本人ではないからです。つまり、霊が乗り移っていますから、霊媒師は乗り移った霊になります。そして、霊はもう一生懸命飲みます。そして食べます。霊媒師にとって嫌いなものでも、霊の好物ならなんでも食べます。

霊媒師にとっては、そのことは結構なんともないようです。浄霊が終わって、目が覚めたときは知りませんが、そのときはかなりたくさん食べることができてしまう。それでもなんともない。体を壊さない。不思議です。いわゆる霊媒を使って食べさせる、しゃべらせる、こういう浄霊が、いわゆるプロの浄霊といわれているものです。

通常、霊媒の体に霊を降ろして、上に上げる方法を『真言の魂入《たましいい》れ』といいます。今度は、真言の魂入れによる浄霊を見てみましょう。

例えば、査神師が霊媒師に霊をフッと入れます（降ろす）。するとしばらくして「ああ、（霊が）来た!」ということになったら、霊媒師はしゃべり出します。全部思いのたけをしゃべらせたり、食べさせたりし終わったら、あとはみんなで「さあ、上げましょう」といって、いっせいに手をかざします。周りの人たちみんなで気を送り、ワーッと上へ上げていきます。

霊を入れるときは真言で入れます。ただ、霊は真言を使わなくても入れることができます。ただ、真言を使うほうが、簡単に入る。そして、修行を積めば、真言がなくても、フッと霊を入れられるようになっていきます。

さて、最後に霊媒師から降ろした霊を離さなければいけません。その場合、九字（払いの基本）で霊を離します。

真言の魂入れの場合、シャッと印を切ることによって霊を離すが、だいたいこれは、声を出すほうの九字を用いる。大きい声で「ビッ」、あるいは「ヘェッ」っていうような声を発します。そのときに霊はパッと離れる。こういう形で霊を離れさせます。そのため、霊媒を使った浄霊を行うためには九字を使えることが必要不可欠な条件となります。

本当のプロの浄霊といわれているのが、この霊媒を使った浄霊です。これはやはり高度であって、技術を要します。一朝一夕にできるものではありません。霊媒師と査神師が一対になって行う浄霊。これが、日本全国のあちこちにあります。日本で行われている浄霊の最も高度なパターンです。

しかし、残念ながら欠点もあるようです。

霊媒師には必ず霊を降ろした影響が体に残るからです。

どうしても、この方法できれいに終わるというわけにはいきません。つまり、霊媒師は悪影響を受けることになる。そして、どんどん霊媒体質に近づいていきます。

どんな悪影響を受けるかというと、やはり、どんどんその霊媒師が暗くなっていくことです。プロの霊媒を使った浄霊は素晴らしいのですが、それを行っているところはすべて暗い。はっきり言って、非常に暗い。残念ながらどこでも明るい浄霊というわけにはいきません。

とはいっても、この霊媒を使った浄霊はレベルが高い。かなり高いものでも処理できます。

しかも、生霊《いきりょう》までも処理できるのです。

生霊の処理ができるところは、浄霊のレベルが非常に高いところです。つまりこの辺で、

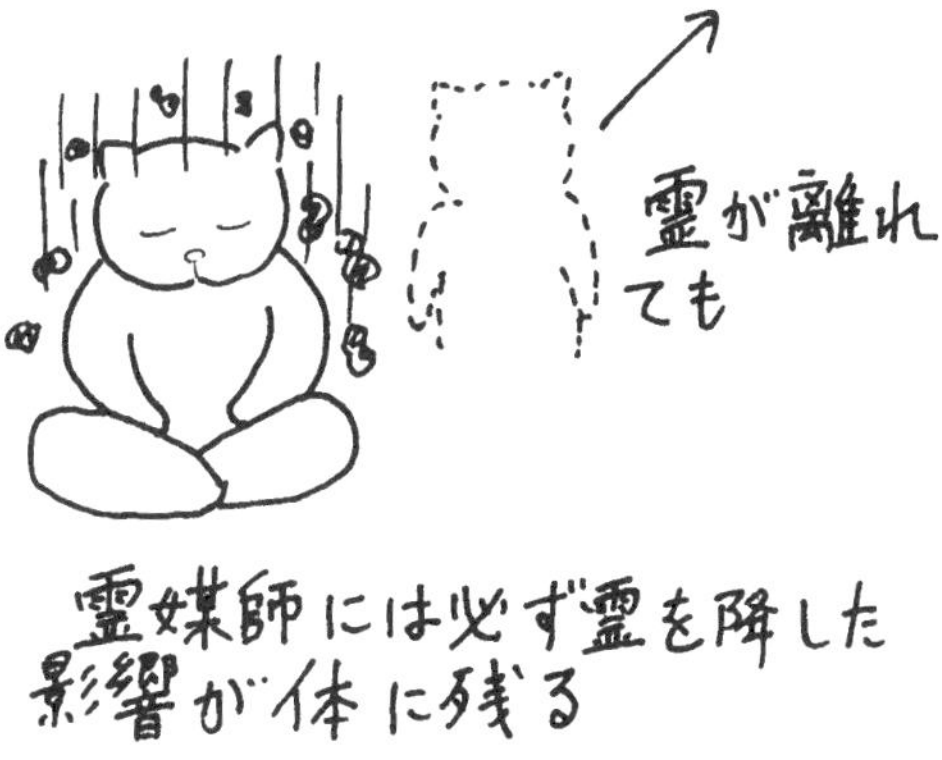
霊が離れ
ても
霊媒師には必ず霊を降した
影響が体に残る

初めて生霊の処理ができるところが登場します。のたうち回らせたり、背中で叩き出しをやっているところでは生霊の処理のレベルにはほど遠い。もうはるか彼方のレベルの話です。霊媒を使うようなプロになって初めて、生霊の処理ができるのです。

今まで紹介してきた数々の浄霊の中で、生霊の処理ができるのは、第一章の冒頭で述べた趣味の会を除いては、霊媒を扱うところだけです。あとは生霊の処理はできません。というより、むしろ霊の種類の判別さえできない人も多いからです。

生霊が出てきた場合も、やはり先祖霊を上げるときと同じように霊媒師を介して話をします。

趣味の会で教えている浄霊は全く体に霊の影響は残りません。この趣味の会で教えている浄霊が、一番高度な形と言えます。

趣味の会の浄霊師は、あえて言うなら、霊を導く導師に近い立場です。浄霊師の体には悪影響を残さないし、依頼者もまったく影響を受けない。だから「この方法を日本に残さなくてはいけない」というところで趣味の会が始まったのです。

いたこ

霊媒師として一番有名なのは、やはり恐山のいたこです。ただ、いたこの場合は、霊にしゃべらせるが、上げるということをしない。つまり、これは浄霊に至らない。どうして、あの方法では浄霊にならないかというと、主体が相手にないからです。こちらが相手（霊）に聞きたい。残っている人たち（生きている人間）が死んだ人に会いたい。つまり、残っている人間が霊に聞きたいことを聞くだけなのである。

結局、霊はこちらの生きている側の質問に対して答えるだけ。向こう（霊）の主体がまるでないから、恐山では彼ら（霊）はまったく浄霊されていないことになる。

こっちの言いたいこと、聞きたいことばっかり聞いて、「はい、ご苦労さま」でもとに帰したら、逆にその人（霊）は気分が悪いから落ちます（よりひどい状態となる）。そのために恐山は、霊を呼んだら（霊のいる）位置が落ちる、すなわち、もっと下の次元に下がると言われています。

残念ながら、今行われているいたこは浄霊とは言えません。単に生きている人の自己満足

霊に生きている人間の聞きたい
ことを聞くだけでは
浄霊されない

に過ぎない。それでは相手（霊）は絶対に癒されないことになる。相手を成仏させられない。

ただし、相手（霊）を癒す目的で、霊媒師を使った場合には、つまり、いたこを使った場合は必ず成功します。最後に上へ上げれば、確実に浄霊できることになるからです。

ですから、いたこを浄霊と勘違いしてはいけません。いたこによって自分の先祖、あるいは父、母、おじいちゃん、おばあちゃんを呼んでも構わないですが、浄霊はされていないということだけは、認識したほうがいい。残念ながら、いたこを受けることにより、むしろ霊は今よりもっと苦しいところへ行く可能性もあるということです。

払いの世界

ここまで浄霊の世界について述べてきました。今度は除霊、すなわち、払いの世界について考えてみたいと思う。

クライアント、すなわち、浄霊依頼者からしてみれば、霊を取ることに関しては払いも浄霊も同じです。

とはいえ、浄霊は霊に情けをかけて上へ上げていくものです。除霊、すなわち払いとは、霊を払い飛ばすことです。意味合いが全く違う。

浄霊の世界から考えた場合、除霊、すなわち、払いは動物霊だけを払うのがルールです。ですから、趣味の会では動物霊を払うが、人間霊は必ず上げるという形で行います。

ところが、巷では人間霊も動物霊と同じように払っているところがあります。なぜなら、巷では、そんなにいくつも技術を持ってないので、除霊か、浄霊のどちらかしか行うことができないからです。

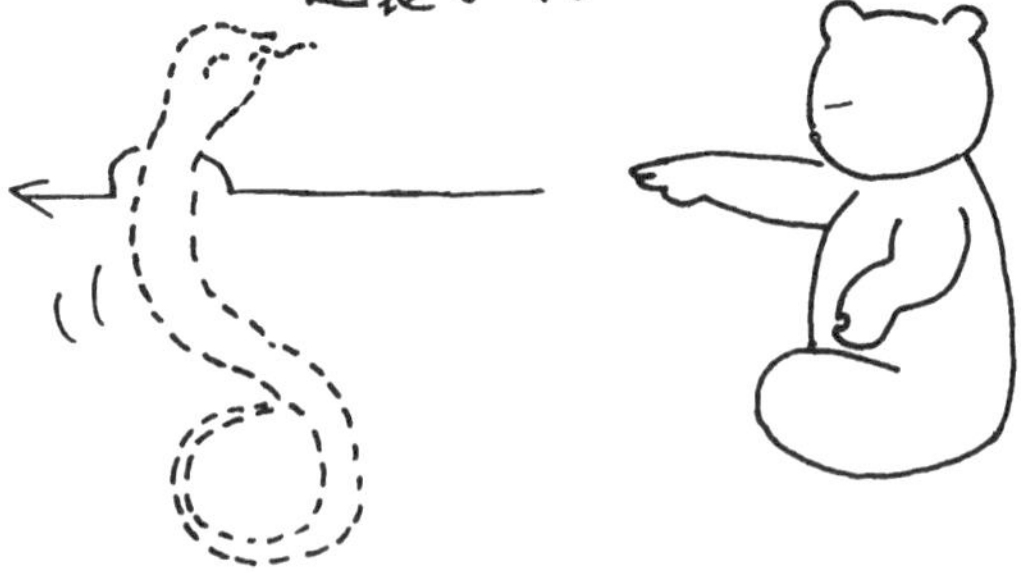

除霊の最も大きな欠点は、払いに失敗したら、つまり、霊を払えなかったら、霊からの逆襲が来るということです。こういう重大な問題があります。

払いとは相手を殴り飛ばすということです。もちろん、完全に相手（霊）の影響を受けないところまで殴り飛ばして、払うことができれば問題はありません。

しかし、もし払えなかったら、当然殴り飛ばされた相手から逆襲が必ずきます。特に動物霊はそうです。

また、払いに失敗すると、それを見ている別の相手（霊）はこちらの手の内（弱点）を見抜いてしまう。つまり、こちらの払いの弱みに逃げ込んでしまうことになる。

その結果、それ以降の払いは失敗しやすくなる。なぜなら相手（霊）はこちらの払いをうまくかわすことができるようになり、たとえ弱い相手（霊）でも、今度はより大きな力で払わなければいけなくなる。そういう問題もでてくるからです。

また、人間霊を払ったら、やはりその人間霊からの返りがあるとみなしていいでしょう。人間は、払うべきものではない。払ったら、必ずその人間から恨まれます。これは必ず覚えておいてください。だから趣味の会では、人間霊を一切払うことはしません。たとえ、人間霊を払うことができたとしても、その行為は人間霊を殴って終わりということです。結局は、その払いに成功しても、失敗しても、その人間霊から恨まれることになります。

また、高度な浄霊レベルを必要とするときに、除霊ですべてを処理するのは無理です。やはり浄霊のほうが、はるかにレベルの高いもの、高度なものを処理できます。つまり、除霊の、払いにおける霊の処理は限界があるということです。

例えば、処理するために非常に高度なレベルが必要とする霊に対して、払いで済ますというのはとうてい無理な話です。しかし、浄霊は一人でも、かなり高度なレベルの霊処理でも、時間をかければ処理できるものです。

除霊では限界があって、とてもすべての霊を処理することはできません。

ただし、それを解決すべき素晴らしい方法が一つあります。

除霊は20人、30人が力を合わせて同時に払えば、20倍、30倍の力になるため、難しい霊を払うことができるということです。しかし、それでも、もし払いに失敗すれば返りを受けることになります。

その場合、その返りは払った人間全員にあります。都合のいいことに、体は一つであっても、霊は一つでない。10人で払ったら、10人にくる。

今、払いだけを行っているところは、だいたいその指導者は払っていない人がほとんどです。弟子がみんなやっています。

指導者はあんまりやらない。弟子に払い方を教えて終わりです。

結局、除霊というのは、飛ばすことによって霊を処理するということです。だから、どこまで飛ばせるかという問題がでてくる。霊を飛ばして処理できるようになるには、少なくとも、だいたい2年とか3年の修行が必要です。一人でポコポコ、ポコポコ払ったところで、なかなか霊は飛びません。

払いは九字が基本となります。これは臨《りん》、兵《ぺい》、闘《とう》、者《しゃ》、皆《かい》、陣《じん》、列《れつ》、在《ざい》、前《ぜん》という印が組み合わさったものです。

何年間か、この九字の修行を積んで、初めて飛ばせるようになる世界です。精神を集中して、丹田で飛ばすのですが、初めはそう簡単には飛びません。

でも5年、10年練習すれば、その修行数に比例して、払いのレベルは上がっていきます。九字というのは、そういうものです。

修行すれば修行するほど、払いのレベルは上がります。霊を飛ばすことができるようになります。ただし、それは動物霊を払う場合に限ってです。そして、いかなる動物霊もすべて飛ばすことができるようになれば、害を受けることはありません。

問題は、浄霊師が飛ばせないものにぶつかったときに、害が残ってしまうというのが除霊です。だからものすごく払いのレベルが高くなって、全部飛ばせたら何ら問題はない。

10年とか、20年、30年と修行を積んで、払いのレベルが上がって、もうほとんど飛ばせることができるというくらいになればいい。

しかし、それよりも、むしろ10年たっても、20年たっても、払えない霊がいっぱいあるということです。ともかく、浄霊師が飛ばせない霊を払わない。飛ばせる霊だけを払う。この方針でいけば、九字だけで除霊しているところは、害を受けません。これは覚えておいたほうがいい。

浄霊師にとって、霊を払えるか払えないかというその見極めが命となるわけです。

除霊の世界では、自分で払えない霊を払わずに、「他の霊媒師のところへ行ってください」と言えば、生きていけるでしょう。

長年払いばかりしていると、感覚的にこの霊を払えることができるかどうかという見極めができるようになってきます。

例えば、クライアントの家系の家長が代々自殺している家と聞けば、「これはものすごい大変そうだ」と思うわけです。そんな事情を聞けば、「手ごわそうだから、止めよう」となってしまう。いろいろな経験から、「うわっ、これはものすごそうだ」と思ったら、止めるべきです。

あるいは、少し大変でも、どうしても引き受けなければならない場合は、弟子たちをバーッと20人ほど集めて、みんなでボンと払えばいいわけです。そうすれば、害はない。もちろん、その払いに失敗したら大変なことにはなる。

今、日本全国で、九字だけで食べている人がいっぱいいます。そういう人たちは払えない霊を見極めて、難しい霊を払うのを止めれば大丈夫です。もちろん、除霊だけを行っているところでは、これを払えるか、払えないか、常に見極めています。

払いの世界で、払い損ねがなかったら、九字はまったく害がありません。ところが払い損ねたら、九字はそれが害となって自分に戻ってきます。これが払いの世界の原則です。だから払い損ねないように、いかに払い損ねないように払うか。これが九字の命となります。

趣味の会で行う払いは、距離的に50キロ先にあるダムを指定して払います。通常、だいたい途中で落ちています。

現実には、どのくらい飛ばす必要があるかという問題です。払いは移動だから、「障《さわ》りのない」、あるいは、「後で影響が出てこない」という意味合いの距離を飛ばせばいいことになる。

早い話が、霊が存在するその方向性からぱっとずれればいいのである。東西の方向にいる霊を東西より少しずらせばいいわけです。少しずれれば、それだけで影響力が弱まったりする。

そういうところから霊能者は、移動だけを行うのです。ところが、払ったのはいいけれど

最低限、払った部屋から外に飛ばす能力が必要

も、飛ばすことができず、霊能者のすぐ目の前に落ちるなら、やはり後で霊能者に憑く可能性があります。最低限、払った部屋から外に飛ばす能力がないと、後で霊の返りが来ることになる。

趣味の会で学んでいる者も、浄霊を始めてから6カ月間は、自分の身近に落ちる可能性があります。しかし、6カ月を過ぎて、目の前にポトンと落とす人はいない。初心者が入ってきても、ベテランと一緒にボンと払うから、はるか遠くに飛んでしまい、その周りは、全然何の影響も受けない。

ところが、初心者で、まだ6カ月いかない人間が、一人だけでボンとやっていたら、せいぜい50メートル先、100メートル先しか動物霊は飛ばない。それでも50メートル、100メートルは飛ぶ。

通常、50メートル、100メートル先をたまたま歩いていて、払った霊に、「ああ、ぶつかった」ということにならない限り、再びその霊が憑くことはない。また、払われた方も自分の居場所を求めて、再び探すことになるので、払われて落ちた場所でじーとしているということあまりない。

とにかく、一番怖いのは、ボン、ドンと、払っても、全く飛ばずに自分の目の前に落ちている。それがいつの間にか、山積みに積もったら、これはやはり怖い。これは払った者に対して霊の返りが必ずきます。

また、巷では払いを九字だけで済ましているところがほとんどです。趣味の会では、動物霊の強さに応じて、返し印、刀印、突き印、カゴメ十字、カゴメ印と払いの段階を変えて行います。

コーヒーブレイク⑥

生霊《いきりょう》はどうして憑くか

正統な浄霊を行っている人には周知のことだが、生霊というのは、生きて、今、生活している人の霊体です。

つまり、生霊とは今生きている人の霊体が憑くことですが、どうして生霊になるかというと、男女関係のこじれや金銭関係のトラブルなどで、相手から非常に恨まれたときに憑くことが多い。少し気に障るという程度では大丈夫です。憑くことはない。

では、恨みがどのぐらいの程度で憑くかというと、浄霊に値するレベルまでにいく場合です。例えば、ある人間が「ああ、本当にあの人憎いわ」と思ったとすると、その時の、その瞬間（その１ページ）の思いがどれだけ強いかによる。

たった３日や１週間、遊んだだけでさよならとなっても、「ああ、あんなバカとかかわらなくてよかった、せいせいしたわ」と思える程度なら、憑きようがない。

ところが、あんなバカとわかったのに、「もう半年もあの男に騙し続けられた。半年も付き合って貢いだのに。私はバカだった。それにしても、あの男、本当に憎いわ」となると、その時（その１ページ）の思いは非常に大きい。

つまり相手に対する思いの強さが浄霊に値するレベルまでに達したとき、生霊として憑くことになる。

簡単に忘れ去ることができない。そんな強い思いが浄霊のレベルに値するということです。

だから、たとえ３日や１週間の短い期間でも、「あの男から暴力を振るわれて、ひどい目にあった」なんてことになったら、これは付き合った日数がわずかでも、やっぱり浄霊レベルに値するほどの憎しみや恨みが大きくなってしまうことになる。

さて、一度憑いた生霊はその後どうなるのか。その時に憑いた生霊はそのままずっと憑いています。

騙された女性が、その後、彼と別れてどこかへ去っていっても、その時憑いた女性の生霊はやはり彼に憑いたままです。たとえ、その女性が彼のことをすっかり忘れ去ってしまっても、彼を本当に憎いやつと思って彼についた瞬間を浄霊しない限り消えることはありません。生霊はそのままずっと彼に憑いていることになります。

女性がどこかへ行って
しまってもその時の「ページ」
はそのままずっと憑いている

ある女性が男性に憑いた後、その女性が彼から去った後、その生霊はどうなるのかという考え方は持たないでください。霊は向こうにいようが、どこにいようが、関係なく憑きます。また憑いているのです。

ひと休み
コーヒー
チョコ

コーヒーブレイク ⑦

治療師と患者の関係

生霊の問題に類するものとして、治療師と患者の関係においてはどうかという問題がある。

例えば、患者が、治療師をすごく信頼して一生懸命治療を受けたにも関わらず、それでも病気が治らないという場合は、果たして患者は恨みとして生霊になるのだろうか。

この場合、患者は、病気を治すために行くのだから、その治療師を恨むというところまではいかない。患者が「治せ、治せ」と言って、治療師はそれに応えて懸命に努力をしたとする。それにも関わらず治らなかった。しかし、治療師の努力したという実績があったら、やはり患者は絶対に恨みきれない。

例えば、医者がうまいことを言って、治療院に通わせたにも関わらず、その病気は治らなかったとする。患者は「結局、治せなかったじゃないか。あの医者、こんちくしょうめ！」と思ったとしても、それは単に自分の病気が治らない不満に対するはけ口のいく矛先がないために、その医者に向かったようなもの。この場合、浄霊レベルまでの恨みとしてはなりえないのです。

だから医者や治療師たちは、いくら治療をやっても、恨みを買うまでには至らない。

ただ、明らかな医療ミスを起こして、殺してしまったということになったら、浄霊をするべきレベルを超えるかもしれない。普通に生活していて、簡単なことをした程度なら、まずそこのレベルまではいきません。

コーヒーブレイク ⑧

霊は方向に存在する

霊が憑いているというと、近くにいるとか、体にぴったり憑いているとかといった、一般的な感覚で考えてしまいがちですが、実はそれは大きな間違いです。

霊はここにいても、向こうにいても、同じです。

例えば、「この人に霊が憑いている」と言うとき、霊がここにいても、アメリカにいても、「この人に霊が憑いている」ということになります。

どういうことかというと、霊の世界には、距離がありません。そのため、霊の居場所を説明するには、憑依されている人の一つの方向性に霊がいる、と表現することになるわけです。

一つの方向とは、例えば、ある人を基準にして、南南東の方向に霊がいるということです。

つまり、憑依《ひょうい》というのはその方向性にある。

例えば、憑依霊《ひょういれい》がいるとする。その霊は、憑いている人を基準にして、南南東の方向にいると表現することができる。もちろん、別の人から見ると、その方向は南南東の方向ではない。その霊がいる方向は別の人から見ると東かもしれない。つまり、ある人にとっては南南東に憑依霊がいても、別の人には、東の方向にその憑依霊はいるということです。

このようにその人のある方向性に、憑依霊はいるということになる。

先祖霊でも、それぞれの方向性に存在しています。霊というのは、すべてその人の方向性から存在位置を表すことになります。

例えば、ある人がどこへ行っても、南南東に憑依している霊がいれば、その憑依霊は南南東の方向に

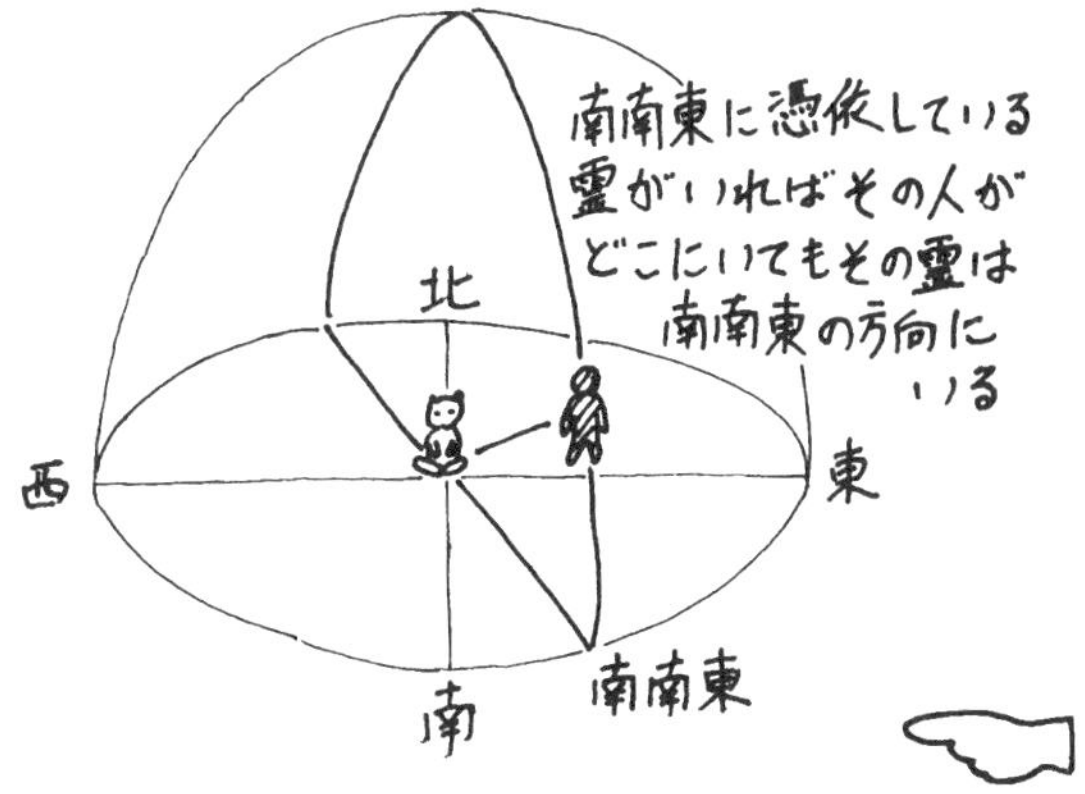
南南東に憑依している
霊がいればその人が
どこにいてもその霊は
南南東の方向に
いる
北
西
東
南
南南東

いるわけです。

　その人が東の方向に歩いていっても同じで、その人が南南東の方向を見れば、その霊がいるわけです。これが憑依《ひょうい》の仕方です。

　つまり、その方向が霊の居場所ということです。そして南南東の方向には憑依の霊がいっぱいいても、東の方向には少ないということもあります。


　霊が憑いていると聞くと、霊がピターッとその人にくっついているのではないかと思う人も多いですが、霊の憑依というのは、その人がどこへ行っても、その一つの方角に霊がいる位置のことを意味しているのです。


　要するに、距離はまったく関係がない。ただ、現実界の基準で物事を考えると、霊が体に巻いているとか、くっついているとかといったことになってしまう。霊との距離ばかりがやたら問題になって、「どの辺にいるのですか？」という質問になってしまう。

　実際はどの辺じゃなくて、どの方向性にいるか。これが霊の存在です。

例えば、自分にとって東の方向に霊が憑いていても、それは1万キロ離れた向こうであるかもしれないし、すぐそこかもしれない。そういうことです。

また、霊が遠くにいても、その影響の程度は関係ない。たとえ、近くにいても、地球の裏側にいようとも、クライアントに影響する程度は、距離には関係ないということです。

第6章

査神《さにわ》の世界

今、霊媒が流行している。

巷で言われる査神《さにわ》とは、人間霊を生きている人間に入れて（降ろして）、浄霊するという方法です。ただ、いたこは生きた人間に死んだ人間霊を入れて、色々聞き出すという形のものです。最近では、いたこができる人間は3人しかいないと言われている。非常に減ってしまった。

今、一番ポピュラーに行われているのは、死んだ人間霊でも、あるいは生きた人間霊でもどちらでも同じだが、その人間（霊）を入れてしゃべらすという方法。これが一番多い。

なぜ、最近いたこがあまり流行らなくなったのか。

あの方法は訓練を積んでやります。ところが、どういうわけか、訓練を積まなくても最近はできる人が出てきた。結構大勢の人があちらこちらでやっています。死んだ人間霊、あるいは生きた人間霊を入れて霊に喋らせて終わる形です。

そうするとどうなるか。

浄霊の原則は、霊を上げなくてはいけません。そのためにはまず霊に情けを注がなくてはいけない。霊を暗いところから明るい所へ出さなくてはいけない。これが成仏させるということです。それなのに霊を呼んでしゃべらせるだけの方法は、相手に情けをかけているのではありません。こちらの聞きたいこと、話したいことだけを尋ねているのがほとんどです。

これは、根本的に方法が間違っているように思われる。霊を呼んだら相手を成仏させてやるべきなのです。にもかかわらず、死んだ人間のことを考えないで、生きている人間側の勝手な話だけを聞いて話をさせる。これでは、必ず相手（霊）が来ても、相手を以前よりもっと下の次元（暗い次元）に落とす結果にさせてしまう。

霊媒技術の問題点

今ではその界隈の人たちの間にも、いたこや霊媒を使って霊に話をさせるだけの方法は、霊の状態をさらに悪くさせるという認識が広く知られるようになってきています。

その理由はやはり浄霊の技術を全く使わないで、ただ霊を呼んで話すだけでは浄霊にならないからです。

また、浄霊の原則を知らないで、突然できるようになった人が、ただ霊を呼んで話をするだけなら大変危険な行為です。

何が危険なのかというと、まず第一に霊を降ろされた人間（霊媒師《れいばいし》）の体に必ず霊のマイナスの影響が残るからです。

通常、霊を受け入れる側の人を霊媒師《れいばいし》と言います。霊を入れる人を査神師《さにわし》という。導師《どうし》が誘導し、査神師が霊媒師に霊を入れてしゃべらせるのです。そうすると霊媒師に必ずマイナスの影響が残る。少なくとも霊媒体質という体質に近づいていく。だから突然そのようなことができるようになって始めた場合、その霊媒師は限りなく霊媒体質に近づいていくことになります。

ともあれ、霊を呼んでしゃべらせても、それは浄霊にはならない。逆に、むしろそれは霊の状態を悪化させるだけということを知っておいてください。霊を呼んでしゃべらせたら、悪化するだけです。まず、これが第一の理由です。

私が入りたいのに…
3例に1例は違う霊が入っている

結論から言えば、死んだおじいちゃんとか先祖霊を呼んでしゃべらすのはいいけれども、呼んでしゃべらすだけだなら、それは先祖霊にとってマイナスになっているということを知っておいてください。決してプラスにはならない。

さらに、この霊媒技術にもう一つ重大な問題があります。霊を呼んで入れるとき、こちらが本当に呼びたい霊を呼ぶことができたかどうかの確率の問題です。どんなに素晴らしい所でも、例えば、霊媒を二十年以上続けているような所でも、間違った霊が入るものです。

私の予想では、3人に一人は違う霊が入る。しかし、3人に一人でも入れば素晴らしい。そのくらいの確率なのです。

しかし、この霊媒を10年、20年行っている所は、少しでも間違いのない霊を入れようとして本当に苦労を重ねている。努力しています。正規で行っている所は努力しています。それでも3例に一例は違う霊が入ってしまう。そこで呼びたい霊を呼ぶためにどうするかというと、霊媒を何回も行うわけです。さもないとクライアントを満足させることができない。だから一つの事象に対して何回も行います。

そして、さらにもう一つ決定的なことですが、「私は見えるから間違いがない」という人が必ずいます。しかし、これも間違いです。霊を見える人がいても違う霊が入ります。3例に一例は違います。

霊がそのように見させているだけなのです。霊というのは変化自在です。そういう意味では、こういう霊媒の技術をやる人はむしろ見えない方がいい。むしろ見える方がごまかされる。

霊媒を覚えたての人、初めてできるようになった人に正確な霊が入る確率はどのくらいかというと、2分の1と思ってください。2人に一人は本当の霊が入ります。2人に一人は違います。だから、いきなり霊媒ができるようになった人も2分の1の確率で違っているわけです。これが現実です。それなのに覚えたての人は、すべて間違いなく入っていると思っている。

昔から、何十年、何百年と続く正統な技術でもって霊媒をやっている所はそういう事情を知っています。だから確かな霊が入るために努力しているのですが、突然できた人は何も知りません。そのために突然できるようになった人、真似してできるようになった人は非常に危険なのです。

突然できるようになった人は格上の霊を呼べない

さて、霊媒が突然できるようになった人と、正統な技術で行っている人ではどこでどういうふうに違うのか。

突然できるようになった人では、まず第一に自分より格上の人（霊）は入らない。格下の人（霊）しか入らない。つまり、導師あるいは査神は、自分より格下の人間（霊）しか入れることができないか、同レベルかのどちらかである。

では、格上の人が入って来たと思った時、実際はどうかというと、ほとんど全員は、その答えが違っています。

それともう一つ、この霊媒の技術には動物霊が入ることもかなりありうるということです。ただ50年、１００年と代々霊媒を仕事として続けているところではそういう可能性があることを分かっているので、それを判断しながら行っています。

ところが、ひどいところでは、動物霊は日本語を普通にしゃべることはできないだろうと

私は○○の先祖です
動物霊も日本語を普通にしゃべる

思っている。

　動物霊が入っているにも関わらず、呼びたい霊が入っていると思ってやっているような人がいる。突然できるようになった霊媒師の場合はそのように解釈するわけです。

　霊媒師に人間霊が入っても、タヌキが入っても人間の言葉を普通にしゃべります。キツネであろうと何だろうと、普通の人間が入ったように日本語を話します。突然できた人は、そのような事がわからないので、霊が入ったらすべて人間霊だと思っている。

　霊媒師にキツネが入っても、人間霊が入っても、人が入った状態で話します。つまり、その区別ができないわけです。また、動物霊は、人間になりすます場合も数多い。特にキツネとタヌキはそれが得意です。

そこで霊媒師の一生続く戦いは何かといえば、より正確に呼び出したい人間霊を入れるということです。これが霊と霊媒師との一生の戦いです。確実に呼んだ霊を入れる。この戦いが最後まで続くわけです。

では、それをどう補足していくのか。どう補っていくかが霊媒師や霊媒の技術の戦いなのです。霊媒師に降ろした霊全てが、自分の呼びたい霊が正しく来ていると思う人はもう論外となります。

ただし、霊媒を行う主催側ではクライアント、いわゆる浄霊依頼者には一切そのことについては言いません。全て正しく来ているという状態を言います。さもなければ営業が成り立ちませんから。しかし、内心は知っています。だから、間違ったと気が付いた場合は、正しい霊が入るまで何回も繰り返すのです。

ただ、即席に霊媒ができるようになった人は知りません。全部そのまま呼びたい霊が正しく入っていると思っています。

では、霊媒師より格上の人間霊は決して呼べないのかというと、呼ぶことはできます。それが修行です。そして5年以上も霊媒の修行をすると、ちらほら格上の霊が入ってきたりします。早い人だと3年でちらほら入ってくるようになってきます。それが霊媒の修行ということになる。

ただ、いい加減に行っていると、あるいは、俺はなんでも呼び出せる、と天狗になっていたら、動物霊が入って、いくらでももてあそばれることになる。

だから、霊媒師は決して天狗になってはいけません。この世界は霊媒師も導師も査神師も天狗になったらつけ込まれる世界です。

正確な霊を呼ぶためにはどうすればよいか

では、霊媒をやり始めたばかりの初心者や、突然霊媒の技術がやれるようになった人はどういうことをすればいいかというと、初めは正確な霊を呼べなくても、間違った霊が3人に一人、5人に一人になるように努力していく他ありません。

5人に一人しか間違いがないというのが最高です。それを目指して、より正確に霊を入れ

あの時の事故の
原因は……
エッ！
本当!!
正確に霊が入ると、出てくる霊がこちらの予想と全く違うことをいう

ようと努力を続けると、霊媒の技術は上がってきます。それなのに、呼び出した霊が全て正しいと思い込んだまま続けていると、その人の技術はそこで止まります。これが大きな違いなのです。

霊媒師が全て正しい霊を呼び出せていると思ったら、そこで終りです。その状態のまま続けていくと、むしろどんどん違うものが入ってくるようになります。

では、違うものが入っている判断はどこでするかという問題です。本当に呼びだしたい霊が正確に入っているかどうか。

一つの基準は、霊媒師に入れた人間霊が、霊媒師、査神師、導師たちが予想した通り、考えた通りの答え

一つの動物が20役，30役とやっている
こともある・・・・

を出してくる人間霊だったら、もうほとんど違う霊が入っていると思っても間違いありません。

つまり、査神師、霊媒師、導師の意にかなうような状態の人間霊が出てきたら、これは違う霊が入っていると思った方がいい。

正確に霊が入るとどういう状況になるかというと、まず霊がこちらの意図することと全く違うことを話す。

例えば、初心者の霊媒師の場合、それは暴露本みたいな状態になります。

以前そのような霊媒を一度見たことがある。霊媒師に入ったキツネが一人20役、30役とやっている。つまり一人の人間に入った一匹の動物霊がいろいろな人の役を一人で演じているのである。非常に滑稽でした。

これは、ほんとの初歩の初歩で、霊媒の入り口にもいかない状態です。まだ、ほんの初歩の霊媒ができたばっかりの人で、この世界のことを何にも知らない。またそういう本も読んだこともない人たちが行う霊媒です。そういう人は一人20役、30役もやるわけです。

その人の意に適うようなことばっかりを全部一人で例外なく話している。そういう状態が初心者の霊媒です。

では、どれが本物か、その見分け方にはポイントがある。

以前、私が霊媒を上部の指導者に指導していたときのことです。

よく霊というものは、こちらのわからないことを話すものです。その当時のこととか、その家の何とかというものを、今の表現、つまり、現代語でわかりやすく霊は説明しようとする。しかし、中にはどうしても説明し切れないものが出てくるのです。どうしても表現できないものがある。

ところが、霊は私には理解できないが、その場にいる、その関係者の誰かに分かる言葉で言ったりする。それで、その場にいる人間が、「ああ、なるほど」ということになったりすると、それは正確な霊が来ているなということになる。

出てくる霊の人格
は全部違う

また、出てくる霊の人格は全部違うということもある。もちろん、出る霊の人格を全部違うように演技するぐらいのことは結構どんな霊でもできます。しかし、出る霊の人格がすべて違い、かつ、すべて違う調子なら、二人に一人は正確な霊が来ているという判断になる。そういう場合は、一人の霊が出てきて一人20役、30役やっているような滅茶苦茶なものではないということです。

霊媒という技術が、今あまりにもいい加減になっています。その辺が判断の基準です。霊媒師に入る霊は、必ずその人（霊）、その人（霊）の人格をもっています。みんな同じような人格であるわけがない。こだわりも違うということです。

誤解がないように申し上げたいのですが、今ここで私が色々紹介しているのは、この本を読んで霊媒の技術の警告としていただきたいからです。

神様を呼びだすことができるか

さて、自分より格上の霊を呼び出すためにどうしたらいいのか。そして、査神の修行をずっと続けていった場合、最高はどんなレベルの霊まで呼び出すことができるようになるのでしょうか。

まず、20年、30年やった人がどこまでできるかというと、神様の名前を呼んで、その人に神様を入れることもできます。神様をしゃべらすこともできます。呼び出した神様が話してくれるかどうかは分からないが、結構協力的な神様も中にはいます。

ただ完全に間違っているという場合もあります。一番多いのは天照大御神《あまてらすおおみかみ》、竜宮乙姫《りゅうぐうおとひめ》、そして八大竜王大神《はちだいりゅうおうおおかみ》の神様を呼ぶ場合です。

その辺の神様は絶対間違っても人間に降りはしません。むしろ入るのはあまり知られてないような神様、あるいはもしそれが成功するとしたら、全然知られていない神様です。どこそこの神社の神様が入るかもしれない。

ともあれ、正確な霊を、あるいは、格上の霊をどうやって呼び出すかという問題で、まず言えることは、霊媒をやる人の人格がどうかということです。自分がおごり高ぶって天狗になっているような人に格上の人（霊）を呼んだところで、気分が悪いから来ない。まず、「お願いします」という気持ちを持たなくては駄目です。

「お前はこの人の体に入れ」といったところで、その気持ちは霊に伝わりますから、これは絶対無理です。格上の霊の場合、本人が来なかったら、霊媒師を相手にしていないだけです。すると周りにいる誰か違った霊が入るという問題になる。

格上の霊を呼び出す場合、最高でも3人に一人は違っています。その時何が入るかというと、まずその周りにいる関係者の霊が入ります。その霊というのは100も200も1000もいるわけだから、その中の一つが入る。呼んだ霊とは関係ない。

少し考えてごらんなさい。その霊媒師のやっているところを。ここで霊媒が行われているとしたら、自分に関係している霊が自分の回りにいっぱいいる

私をやってくれてもいいのではないかと思っている自分に関係している霊がいっぱいいる。

のに、霊媒師は何の関係もない霊を入れていい思いをさせているわけです。

例えば、あなたがここで霊媒を行っていたとする。ある人の霊を入れている。あなたの周りにいる霊がもう長らくずっとそばにいて、それを見ている。そして、私を呼んでくれてもいいのではないかと思ってみているわけです。

「よその人をやるより、自分の身内の先祖とか、その関係の人をやってくれてもいいじゃないか」と、霊だってそう思うのが当然です。だから、そういうのが入ってしまう。理屈を考えれば、あたりまえのことです。

呼んでいる霊とは全く関係のない、その場の関係者の霊が入ってしまったりする。理由から考えれば、ごく一般社会でよく耳にする話と同じです。そして、そういう霊が入ってしまう。入っていれば気分いいし、またしゃべれるわけです。しかも正式な浄霊をやっている所だったら、その後、次元の高いところへ行けるのです。つまり、浄霊してもらえるのです。だから、自分の関係者の霊が間違って入ることになる。

正しい霊媒を知る

私は以前ある霊媒師と霊媒を行ったことがある。私が途中まで霊媒を行って、その数日後霊媒師にその霊を渡したのである。ところが、その後話が続かない。

霊媒というのは、霊媒する人が途中で変わっても、話が続かなければいけない。つまり、同じ霊を呼んでいるから、話が続かなければ間違いである。

昨日、今日、霊媒が突然できるようになった人はそのようなことをやりたがらない。話がつながらない経験が多いからである。結局霊媒師が違う霊を呼んでいるということである。

このようなことは当たり前の話だが、これを聞いて怖がるような霊媒師では、自分はどこかで違う霊を呼んでいると思ってる人である。

私の場合、そういうのは日常茶飯事で、昨日の霊とは別の霊を呼んでも、「あとで、その続きをしましょう」ということになる。

この辺は、呼びだす霊を間違えても、その違った霊を再度呼び出すことができるなら、後で続きができる。しかし、他人から渡された場合、その続きをするのは、間違っていれば難しい。ともあれ、そういうふうにして正確な霊が入っているかを判断できるのです。

とにかく、上級の方になると、間違った霊が入ったときそれをどう判断するかというためにいろいろな方法があるわけです。

まずそれを知っておかなければならない。そしてあくまでもそれらの方法を使って、正確に霊を入れるんだという努力を生涯やり続けなければいけないということです。

そしてもう一つ、生涯やらなければいけないことは、いかにして霊を上まで上げるか。この2つです。

まとめると、霊媒師がやらなければいけないのは、間違いない霊を入れるということと、いかにして上に上げて浄霊するかという2つです。霊を呼んで話すだけなら、霊媒師はやらない方がいい。

霊媒する人が途中で変わっても
話が続かなければいけない

そういう霊媒をやっていたところで自分の寿命、命を縮めるだけです。しゃべるだけの霊媒では霊媒師にも、クライアントにもマイナスとなります。その災いはクライアントだけでなく両方にきます。ですから、しゃべるだけの霊媒は止めるほうがいい。

今まで述べたことに気をつければ、霊媒師も正統な修行ができます。修行を重ねていくと格上のものまで全部呼べるようになります。

ただし、どんなに訓練を重ねても必ず霊媒師にマイナスが残ります。導師にも残ります。査神師にも残ります。これは知っておいてください。

一番残るのは霊媒師です。霊媒師が一番残って、その次は査神師、その次は導師です。すべてにマイナスが残ります。

マイナスが残るとどうなるかというと、だんだん暗くなってきます。人間が暗くなってきます。そしてどういうわけか前かがみになっていきます。

今、霊媒が非常に多く日本で行われていますが、危険がいっぱいだということです。

①
霊媒師
②
査神師
③
導師
どんなに訓練を重ねても ①＞②＞③ の順番でマイナスが多く残る

長年霊媒を続けていくとどうなるか

長年に亘って霊媒を行っていると、霊媒体質になってしまいます。そして一歩間違うと、わけがわからないときに、とんでもないときに違う霊が入ったりしてしまう。そしてしゃべり出すこともあり得る。そういうような体質になってしまう危険があります。

通常の霊媒体質と少し違うのは、霊媒体質は影響を受けて、ものすごく苦しみますが、霊媒師の場合はそのような苦しみ方はしません。霊媒師のほうが状況を冷静に捉えることができます。

霊媒体質の場合は、やたら霊がきてしまって、本人が混乱してしまう。ところが、霊媒師の場合、自分の混乱がない。自分をそれによって苦しめて、混乱してしまうということは生じません、クライアントをのたうち回らせる人たちのように、数年で死んでしまうということはありません。死に至るまではならない。ただし、霊媒は体に残ります。

通常、霊媒師は5年ぐらいで、暗くなって、「嫌だな」と思って止める人が多い。そこで、次の霊媒師を育てて代わることになる。実際は、10年でも、20年でも、30年でも続けようと思えばできるでしょう。

また、霊媒をやる日の朝、頭痛がするとか、いろんな現象が出てきます。それで、5年ぐらいで止めてしまうことになる。やたら苦しいとか、眠れないとか、今日浄霊を行うという朝には、ものすごく苦しみだしたりする。あるいは、今日は眠くてしょうがない、もうどうしようもない、というようになったりする。これは、霊を入れる前からすでに、その霊の苦しみが霊媒師に移ってしまうためです。そういう現象が起こるようになる。

これは、例えば頭の具合が悪い患者さんが来ると、治療師の頭が痛くなるような現象に似ている。霊媒に入る相手(霊)の状態を霊媒師に移してしまうことになる。だから体に残るのです。もちろん、霊媒が終わったら、その苦しみは終わります。「なぜだか知らないけど、なんでこんなに私は、今朝、苦しかったのだろう」とかになってしまう。それは相手の状態を朝から移してしまっていたというだけです。

結局、霊媒師に何が残るのかというと、いわゆるマイナスの状態、苦しかった状態が残るということです。

霊媒が終わったら、霊は去ります。しかし、やはりその去った後も、なんとなくその霊が体に残っているという感じがある。

たとえていうと、黒い状態のような、いわゆる魄《はく》が残るというか、そのような感じになる。そして、何回もそれを繰り返すと、やはり何か体に残っているという感じがします。ただし、霊媒師の場合は、その影響が徐々に体に残ったとしても、生きています。死に至るようなことはない。

霊媒師には、なれる人と、なれない人がいます。

霊媒体質の人はなりやすい。すでに霊媒体質で苦しんでいるような人が霊媒師になったら大変です。

人によって霊が乗り移りやすいタイプや、乗り移りにくいタイプというのがある。例えば変に冷めている人は乗り移りにくいタイプ。しかし、もし訓練をすれば、2人に1人はでき

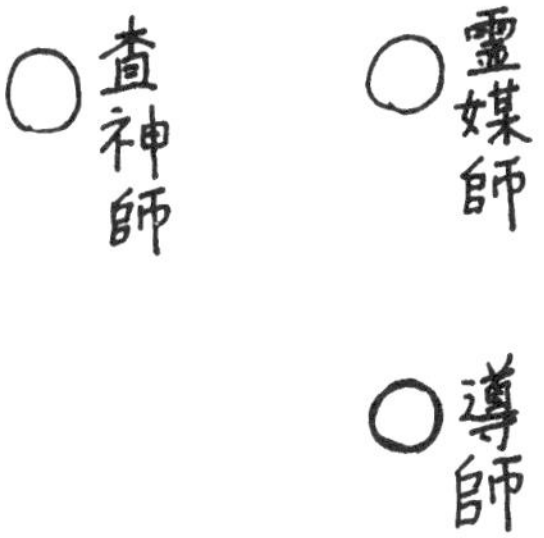

霊媒の正規な形
(上から見た配置)

るようになります。

査神の世界へ

さあ、ここで正規な形の霊媒を教えます。

まず霊媒師がいます。霊を入れる査神師がいます。霊媒師、査神師、導師というのが図のように位置します。

そして、瞬時にフッと霊を霊媒師に入れます。この場合査神師が入れる場合もあります。導師がいない場合は査神師が入れます。大体、査神師と霊媒師だけでやる場合が多い。

導師がいる場合は、導師がフッと霊を入れる場合も多いが、導師がいてもいなくてもできる。ただ、導師がいた方が、霊から受けるマイナスの害が等分されます。

とにかく、霊媒師と査神師がいるときは、霊を入れるのは査神師。３人のときは導師が入れて、査神師がいろいろ聞く。だからそれはどっちが入れてもいいわけです。かならずしも導師が入れるとは限らない。査神師が入れる場合もあります。このとき霊媒師は坐ったままである。決して倒してはいけない。

次に、査神師がいろんなことを聞く。霊に十分にしゃべらせるわけです。それと同時に、何か食べ物を食べさせて満足させる。

これは霊に情けをかける方法の一つでよく用います。実際は霊媒師に食べ物を食べさせたり、あるいはお酒を飲ませたりするわけです。

お酒を一滴も飲めないという霊媒師も大勢います。しかし、呼んだ霊が飲んべえであったら、霊媒師がお酒を一滴も飲めない人間でも、この場合は飲めます。コップ一杯お酒を飲んでも、何食べても平気です。

それでは、酔っ払ってしまうのではないかと思うが、それはこの世界の不思議です。摩訶不思議です。飲んでも全く酔っ払いません。もし、一滴もお酒を飲めない人が霊媒を行って酔っ払ったら、それは偽者です。一滴も飲めない人が一升酒を飲んでも、全くその人は酔いません。もしそうでなかったら、それは本物ではありません。これは覚えておいてください。

これは、正しく霊媒が行われているかどうかの重要な判断基準の一つです。

さて、霊媒による浄霊のやり方は、自分たちの聞きたいことは山ほどあっても、まず相手が主体です。相手の状態を聞きます。今いる所を聞きます。

「今いる所はどうか。暗いかい？」と聞く。

「暗いなあ」と霊は必ず答えます。「暗い所にいる」とも言います。

「そうか」と答えると、「苦しい」と霊はいう。どこかが痛いとか、苦しいとかいったら、まずその痛い所、苦しいところを治します。そして、言いたいことがあったらしゃべらせま

す。

あるいは、突然泣き出す人や怒り出す人もいます。その他には、「苦しい、苦しい」という人などいろいろです。その場合、その苦しい内訳をしゃべらせます。あるいは、怒っている内訳を話させる。痛い内訳すべてをしゃべらせる。十二分に霊に話をさせるのです。これが情けの一つとなります。

そしてその次に物を食べさせます。

「何か食べたいものあるか？」と尋ねるわけです。この辺で霊は感動して気分が良くなります。そしてその間、みんなで気を送り続けたりする場合が多いが、それはいろいろです。次第にその人間（霊）もだんだん明るくなってきます。そして、いよいよ上へ上げるのです。

当然のことですが、浄霊は上に上がらなければ何の役にも立たない。話しだけではだめです。それから上へ上げなければいけない。

「さあ、上がろう」というところで、「上の明るい所、目指して行こうね」と話しかけて、みんなで上げます。手をかざして皆で上に上げるのです。手は上がらないですが、手をかざすことによって、気を送って上げます。そうすると、バーっと霊は上がっていきます。

さあ、次はどうなるか。

「明るい所が、見えてきたかい?」と本人に聞きます。

「明るい所が、見えてきた」という。

問題は、そこの基準です。お花畑まで上がったところで止めます。いいですか。「お花畑が見えたかい」というところで確認します。お花畑が見えるところまで上がったら、そこで終わりです。どういうお花畑かを聞いてもいいです。チューリップみたいなのとかいろいろあります。

それと、もう一つ知っておいてください。このお花畑は、地上の反映です。地上の反映したお花畑です。だからチューリップもあります。

どのような花があるかというと、チューリップ一つを取ってみても、地上で見るよりは、ちょっと大きくて、ちょっと変わってる。普通のチューリップのような形をしてない、少しチューリップが変形したような形です。

意思の反映でそのような形になっているところから、チューリップはチューリップでも形が違い、また少し大きい。また葉っぱの形も少し違う。

レフレシアのようなでっかい花がある。いろんな花がある。どこのお花畑へ出るかは人によって違います。同じお花畑にばかり出ることはありえない。必ず違う花の上に出る。

そうして、お花畑までいったところで浄霊は終わります。

だからそこまでいけばいい。そして、それを必ず３回行う。一回では再びもとの次元に落ちてきます。そのため日を替えて３回繰返し上まで上げるのです。


では、一回の浄霊で終わるにはどうするか。これはまだ今の浄霊者は知らないところです。

一回で終わるには、それからさらに上の次元を目指して上げていけばいい。

お花畑に上がって、それからさらにしばらく上へ上がっていくと、今度は道とかそういうものが出てきます。ただし、これは普通の人にはできません。上げている人（霊）やお花畑など何もかも見える人だけです。

さて、次に歩いていく道順を教えます。そして景色を見ながら、これは右の道を行くとか、左の道を行くとか、ここを歩いていって向こうまで行くとか、というふうに教えます。それができたら、その人は一回で上へ上がります。

その行き先が間違っていたらうまくいかない。その時どうするかといったら、そこからの指導は見える霊媒師が行います。霊媒師でも導師でもいい。大体普通は霊媒師がやります。

「あ、目の前に道があるのがわかるかい」と聞きます。

「どんどん行くと右と左に分かれているね。右の道をずっといくと、岩があるからその上に乗ってみてごらんなさい。それから、その上から右側へとか、左側へ下りて行きなさい」というような表現をします。それでずっといって、しばらく歩かせて、一分位経ったら、「家が見えてきたね。右側の家の見える方に入っていきなさい。左側に入っちゃ駄目だよ」という。

「じゃ、玄関が開いてたら、その家に行ってください」、「御簾がある変な家があるね。その御簾がある変な家がそうだよ」とか、そういう掛け合いをします。

これは、本人が見ている風景と一致しなかったら全く滑稽になります。この辺は完全に見える人でなければできません。

玄関が開いていたらその家に入ってください

さて、霊媒の最後の仕事は霊媒師から霊を切り離すことである。霊が上の世界に無事上がることができても、霊媒にはまだ霊が入ったままです。だから、最後は霊媒から霊を離す必要がある。その時に九字を切るわけです。この場合、導師、あるいは査神師が九字を切って霊を返します。

通常は、手で印を組んで九字を切るのだが、これにもうちょっとかっこをつけて、南天の太い枝でもって、フッと切ったりもする。

しかし、九字が切れない人間が霊媒をすると、逆に霊が残る率がどんどん高くなります。九字を切れない人に霊を入れたら大変なことになります。これだけは知っておいてください。九字を切れないと霊媒はできません。

霊媒は真似してできる世界ではない

今、霊媒は日本でものすごく流行っています。ただ突然できるようになった人が多い。というのは、霊媒という技術は真似してもできてしまうからです。

突然できるようになった人や真似してできるようになった人は、霊を入れてしゃべらせたから、私も浄霊ができる、と思う人が一番多いのではないか。ただそういう人たちは、浄霊ということについて何にも知らないから、罪がないといえば罪はない。何にも知らないから恐いのである。

最後に忠告をしておきたいことがあります。この内容を読んだだけで、決して真似をしてはいけません。今この本を読んだだけで、真似をするとできる人はいくらでもいます。決してみようみまねで真似をしてはいけません。霊媒を真似すると非常に危険な世界です。

それともう一つ絶対に知っておかなければならないことがあります。浄霊の世界にいる人間は、はっきり言って、心が良い人はほとんどいない。9割はあまり性格が良くない。ですから、クライアントは、浄霊を頼むのなら、残り一割の性格のよい浄霊師を求めて探してください。

よい浄霊師を探すもう一つの基準は、天狗になっている人へ行くのは止めなさい。天狗になっていること事態、その人の浄霊の進歩が止まっている証拠です。浄霊の世界は常に進歩していなければならない世界であり、研究と研究の積み重ねの世界です。天狗になっている人に進歩はありません。そんな所でまともな浄霊はできないということです。

とにかく、これが査神の世界です。そしてこれを正規にやっているところは、まだ日本には数箇所あります。ただし、表には一切出ておりません。特にパソコンなどで探そうとしても無理です。口伝えで聞く以外ありません。霊媒を修行している人たちは、すでに何十年と修行しており、そんなに人を集めなくても支持してくれる人たちをいっぱいかかえてます。新たに人を呼ばなくてもいいわけだから、広告宣伝はしていません。浄霊を頼む人はそういう所を掴まえないと駄目です。

コーヒーブレイク

⑨

どうして格上の霊を呼べないのか

　霊媒師は自分の人格が上がらないと、霊媒師より高い人格の（霊）は呼べないという話をしました。どういうことかというと、霊にしゃべらせるということは霊媒師の意思が入ってしまうために、格上の人（霊）は嫌がるわけです。

　例えば、ホームレスをやっていてちょっと頭がおかしいなという人に入るのは、やはり霊といえども抵抗があります。

　あるいはホームレスなら、まだ気楽に入ることができるが、反対に大統領に入れといったところで、やはり大統領は嫌がるでしょう。

　つまり、大統領はホームレスの霊媒には入れない。霊でも、以前は生きていた人間ですから、やっぱり入りたくない人はいるだろうし、またしゃべりたくない人もいるわけです。だからしゃべりたくない人のところへ無理やり入れってといっても、これは無理な話です。

ところが、霊媒師がある程度人格のある人間で、落ち着いて、「さあ、お話を聞かせていただきます」というようなへりくだった態度で言うものならば、霊も話しやすいわけです。

例えば、大統領が降りてきても、「ああ大統領でございますか」といったら、「ああそうです」というように、話を始めるでしょう。「お前は大統領か」とぞんざいにいうものなら、相手はもう二度と来ない。

そのような態度を一回でもすると、霊はそれを見ていますから二度と来ない。それが一番重要なのです。なぜ格上の人が入らないかというのは、前の前例を見ているからです。

霊は時間と空間の無い世界にいるため、一目瞭然にすべてが見えるわけです。以前、大統領を呼んだときに、横柄な口を聞いていたのを見たら、あんな横柄な口をきかれるところに誰が入るものかと思って、みんなどっかへ行ってしまう。

もっと裏を返せば横柄な形で一回でもやるものなら、もう二度とうまくいきません。

第7章

神道降霊

神道降霊術というのがあります。その歴史は元々かなり古い。神道降霊術というのが、一番最初の名称です。後に「神道」が取れて、降霊術だけになった。今日その流れを汲んでいるのがいたこであり、その他の霊媒として残っています。

その始まりは、神様が降りるということから神道降霊術といわれる。いわゆる降霊、すなわち神を降ろす、霊を降ろす、というのは、この神道降霊術というのが正式な名称です。元々本来の神降ろしは、神様が降りて、その神がかりになった人の口を借りて神様の言葉を述べるというものです。

過去でいうと、天理教の中山みきとか、あるいは出口なおといった人たちが、神がかりになった人たちである。だから神道降霊術というのは、神様が降りて人の口を借りて真実を述べるというのが、元々の始まりである。

本来の神道降霊術というのは神様が降りて話をしなくてはいけない。しかし、神様が降りて話をするといっても、現在は神様がいるとか、いないとかという程度の次元であり、だんだん世間一般から神が遠くなっていった。そのため神道降霊術、つまり、神様が降りて、神がかりになるというのがなくなっていったわけです。

その昔、天理教、大本教、金光教、黒住教、妙霊教といった5つの宗教に神降ろしが入った。これはいわゆる御神策の中の一つといわれるものである。

それ以前には、真実を述べるという一つの流れがなかった。それ以前にも、人間に神様が降りて、いろんな技術や形が試されたときはあった。しかし、大きな目的を持った形というのはあまりなかった。

ずっと昔は神に直接聞いたりもした。しかし、元々のスタートは神が降りて人の口から神の言葉を話すことからである。

その後、この神道降霊術は神降ろしと霊降ろしの2つに分かれた。神様が降りるのを神降ろしで、霊が降りるのを降霊術という形である。つまり神様だけが降りるのは神降ろしである。

霊降ろしは動物霊の真似から始まった

では、降霊術がどうしてできたかというと、その神降ろしを動物霊や死んだ霊がその形を真似たことから始まった。霊降ろしの代表の動物霊は、キツネであった。そのため稲荷神道という言葉が生まれたほどである。

真似たのはほとんどが動物霊で、その動物霊が人間に降りていろいろする。いわゆる神がかりのような状態を作る。その代表が稲荷で数多かったのである。

またキツネがこれを一番得意技とした時代があった。というのは、キツネというのは、非常に人間に入り込みやすかったのである。とりわけキツネというのは降霊が上手で、昔からキツネつきになったり、キツネがかったりと、普通の人にもそういう現象が現れた。

キツネが憑いたらとんでもない道を歩いていたり、どこかに行った、というような現象が起こった。このように動物霊の降霊のスタートはキツネであった。

それからヘビ、そしてリュウ、タヌキ、そういう類のものすべてが降霊をするようになった。

　また、イヌもサルもできるようになった。しかし、イヌ、サル、ネコというのはそんなに上手ではない。

　降霊そのものはそんなに難しい技術ではない。日本では動物霊による降霊が非常に盛んになっていったが、欧米においては少し違い、死んだ人間が降りるという降霊現象が多かった。降霊でも死んだ人間と動物ではどこが違うかというと、やはり人の方が格上といったら表現はおかしいが、動物霊は所詮動物であるので、キツネが憑いても最後は不幸になる。人間霊が憑いたら不幸にならないかといえばそれは一概に言えないが、動物が憑くほど不幸にはならない。

　動物霊の場合、憑いた一時期は、なにもかも素晴らしく良くなる。そして最後は悪くなるというのは、大体動物霊が憑いた人のほとんどが辿る道。ただし、人間霊が憑いたら、次第に自分の操縦舵を失うというのが人間霊の特徴である。これはブラジルのフィリップの例を見ればわかる。

　ともあれ降霊という現象は、霊がその人間に降りて支配することをいう。

降霊と憑依《ひょうい》の違い

降霊現象というものは、憑依《ひょうい》とは全く違うということを認識していただきたい。憑依と降霊とは違う。

ではどう違うか。憑依とはあくまでもその人間に憑いて影響をおよぼすことです。降霊はその人間の操縦舵を握る。舵を握るということです。舵を握るということができるのは降霊、単に憑いて影響を及ぼすのは憑依。だから降霊は全く状態が違うわけです。

ずっと降霊をする場合と、わずかな間に降霊をする場合がある。つまり降霊の状態がいい降霊と悪い降霊がある。短い時間の降霊と長い時間の降霊がある。

降霊という現象は
霊がその人間に降りて
支配する

神様不在の降霊

神が降霊した場合は、何の害も受けない。ただし、先ほども述べたように神が降霊するのは、今ではほとんど存在しない。ゼロではないけれどもほとんど行われていない。ただ、巷で神がかったと言われているのは、そのほとんどがキツネがかりか、ヘビがかりか、リュウがかりかのいずれかである。

ある日、降霊が突然できた人は、「あ、今神様が降りました」というところから始まる。これは大体キツネがかかったものが多い。そういう形の降霊という技術がまだまだあちらこちらで行われている。また、自然にできるようになった場合も数多い。しかし、それらの降霊はどれだけ真実があるかという問題がある。今行われている降霊はほとんど神様不在であるということを知っておいてください。

では、なぜ神様が不在か。神様自体がそういうことをしなくなったといっても過言ではな

い。

例えば、神様の降霊の真言があります。いわゆるマントラです。真言マントラを使って降霊させる場合でも、昔のような降霊はしない。一歩離れた降霊の形になる。

日本には数少ないけれども、まだマントラを持っている人間がわずかずついる。これが降霊のマントラ、いわゆる神様のマントラとも言われるものです。確かに日本の真言のマントラを使えば神様は来ます。すぐ、近くに来る。しかし、昔ほどのような形にならない場合が多い。

ともあれ、巷で降霊がよく行われています。欧米では降霊会というものが行われて、霊が降りています。他にもいろんな言葉があります。降霊、霊降ろしなどといろいろ言われます。ただ降霊とか霊降ろし、神降ろしという言葉に惑わされないことです。真実の霊降ろし、神降ろしがどれだけいるかわからない状況です。ほとんどの霊降ろしは、動物降ろしと思って間違いないということです。

ところが、そのような世界を渡り歩いている人にとっては、その神降ろしという言葉に弱い。霊降ろしに弱い。それを真実だと思っている人が、日本人にいっぱいいいるわけです。この紛らわしい現実は、昔真実だったという所に問題がある。実際に神が降りて神降ろしがあったからである。

ただし、ここで一つ知らなければいけないことは、霊降しでやってくる動物霊というのは、そのほとんどが、神様のやった所業を真似ている場合が多いということです。元々それを行っていたのは神様だった。それを真似て、動物霊が始めた。これを知っておいてください。神様がやっているのをみて、自分たち（動物霊）もやってみたらできたわけです。しかし、神様がやるのとキツネ、タヌキがやるのと根本的にやるのが違う。その辺がわかっていなければいけない。

動物霊による降霊はなぜ危険か

神様が行うのは、人のためにしかやらない。動物は自分のためにやる。これが根本的に違うわけです。神様というのは人間のため、人のために何でも行う。動物は自分のために行う。動物霊が最初人のためにいろいろ手助けするのは、自分を良くしてもらうためである。しかし、最後はその見返りが手助けをしてやった人間（動物霊が憑依した相手）に帰ってくる。

そういうところが根本的に違う。その方向や目的が全く違うからです。人間があちこちで霊降ろしを真実と間違うのも無理もないところである。神様がその昔、一度正統な降霊を行っているという真実の歴史があるからです。そのため、動物霊がまねているのを真実と見まちがうことになるのです。

そういうところに、今日の間違いの原因がある。

霊降ろしという言葉は、実際のスタートでは神降ろしであったにもかかわらず、そういう真実の歴史の影に隠れて動物の歴史が始まったわけです。そして今、巷で、霊降ろしが日本全国に数多くある。世界では死んだ人間の霊降ろしがほとんどである。特にヨーロッパ、アメリカとその界隈はともかく人降ろし、死んだ人間が多い。どういうわけか日本では動物降ろしがほとんどである。

また、その技術も多様化してきている。

昔のように単純に霊を降ろすというだけではなくて、憑依か霊降ろしもわからないような形が出てきた。いわゆる千年、2千年という長い歴史の中で学習してきた霊たちが、霊降ろしのさまざまな形を通してやってくるわけです。

動物の霊降ろしを長く続けていると、その人間の操縦舵はだんだんその動物霊にとって代わってきます。つまり、その人間がどれだけ動物霊からの影響を受けているかであり、それは相手の霊にもよる。影響力が強い霊だったら、その人間は早く駄目になるし、その関与が弱かったら、霊降ろしを長く続けることができます。

霊の方でも研究しているわけです。母体が駄目になったら行き先をまた探さなければいけないので、少しでも母体を長生きさせようと考えるのである。

神の文化から遠のいていった人間

昔、神様はかなり人間に降りていた。それなのに、なぜ今では神様が降りてこなくなったのか？

それは人間そのものに問題があって神様が降りることがなくなったと言われる。その理由は何かというと、時代が変わり、文化が変わってきたからである。その結果、神降ろしという文化は遠くなっていったというのが正解でしょう。文化の違いが神降ろしという文化を遠のけたということである。

それは神を必要としなくなったということではなく、人間そのものが神の文化から遠のいていったのである。

本来人間の生活の基盤であった自然と、その中を歩き、大地を行くという文化は、神が降りやすい文化であった。ところが、時代とともに、コンクリートの上を歩き、車に乗る文化に変わっていった。それは同時に、神をだんだん神降ろしの文化から遠ざけていく文化であ

ったのです。

自然の中で生活している人種の中に神降ろしの文化はある。ビルの中で生活して、電車や車に依存している生活では、神降ろしの文化から遠のくばかりである。文化の違いが神降ろしの文化を離れさせていった。食文化も同じです。

本来、人の生活というのは自然と理学、工学というものが素晴らしく融合した世界、これが最も理想とする世界である。ところが現在の文化は自然が遠のいた、人間と自然が分離した世界になってしまっている。これが神不在の最も大きな原因であろうと、私は思うわけです。

昔といっても、戦後まもなくの頃にも、一つの集落に自由に神様と話ができる人間が大勢いました。今ではおそらく少し信じられない話かもしれないが、そういう場所が結構あったのである。

例えば、アメリカインディアンは自然に近い所で活動しているから、その点では術は行いやすいかもしれない。

術を行う場合、自然の中の方が、術を使いやすい。これは術を使う仲立ちが人間であろうと、神様であろうと、動物であろうと自然にいる方が術を使いやすい。

しかし、ビルの中で生活していたら術は使いにくい。残念ながら、今の日本人の生活はビル生活であり、電車や車中心の生活です。

では、現在ならどうしたらよいのか。人間の生活を、ビル生活ではなくて、自然とビルの融合生活にする。それだったら、本来の人間の自然の姿に近づくことになる。

さらに、建物が木造なら、それだけ自然に近くなる。ビルはやはり自然から遠いわけです。

しかし、こういう現実世界で、これだけの人口を収納するには、すべて木造というわけにもいかない。現実にはそういうことは不可能である。しかし、やはり、木造の家に住み、自然の大地に住むということが人間には最も自然に近い姿なのです。

今、世界は近代化の方向を間違えていると思う。近代化というのは、自然から離れることが近代化ではありません。自然と融合して存在する近代化がほんとの人間の姿です。それなのに自然から離れた近代化が今進んでいる。これが神から遠ざかる最も大きな原因である。

では、なぜ近代化の方向が間違ってきたのか?

結局、人間がそのようにしてきたのである。

もっと端的にいえば、人口が増えすぎた。人間が多くなりすぎたということです。

そこで、今の文化がどこまで続くことができるかという問題である。例えば、鉄筋コンクリートずくめの、自然から離れた文化がいつまであるかというとやはり疑問が残る。

以前は自然に根づいた文化だった。今、それが崩れ、鉄筋というコンクリートの文化に入っている。そしてこれが再び壊れたときに、また新たな文化が始まる可能性があります。これは地球の周期の一つに当てはまると言われる。

地球というものは２０００年に一回呼吸をすると言われています。

つまり、２０００年に一回、大地震とかそういうものが起きて、いわゆる地球の組み換えというようなものが起こり、地球は安定を保つのである。

地球は2000年に1回
呼吸をする

用語集

【あ】

上げる

浄霊において幽界線や霊界線と呼ばれる基準線上に霊を上げて、浄化する技術をいう。

荒禊ぎ（あらみそぎ）

地上の霊のチリ・アカを落とす。

家・土地の払い

その家や土地に生活したことで生じた霊的なチリやアカを払う技術。

生霊（いきりょう）

人の霊の一種。現在生きている人の霊体をいう。金銭関係や男女関係のもつれが原因となり、相手に強い恨みを持ったために憑いた霊。片思いのような強い執着がある場合でも、その相手に生霊として憑く。

いたこ

青森県恐山で霊媒の役目をする人。

位置の確認

「霊座の型」の項へ

一魂七魄（いっこんななはく）

人の構造は一魂七魄よりなる。魂は奇魂（くしみたま）と言う。七魄は、肉体、幽体、霊体、本体、荒魂（あらみたま）、和魂（にぎたま）、幸魂（さちみたま）からなる。

移動

人に憑いている霊を、別の場所へ移動させること。

印（いん）

古くから伝わる手の指を使った技術。代表は「九字印」で、九の文字を手の指で結ぶ。指を使った形態によって気の力を出す技術である。

陰陽（いんやん）

体の構成は、すべて陰と陽の状態でバランスを取っているといわれている。人体の電気的バランス、気のバランスなどがある。人体の陰と陽の気のバランスを整える技術を、通称「陰陽」と呼んでいる。

恨みの霊

先祖霊や自縛霊などの人の霊の中で、特に恨みなど強いマイナスの感情に縛られている霊をいう。

運命

この世のしがらみで作られたものである。日常的な要因の中で変えることができるもの。

遠隔、遠隔治療

遠く離れた場所から、病気の人、あるいは、霊の影響を受けている人の霊体を呼び出して治療すること。

お伺い

自分の霊体を呼び出して、あらゆる事情をその霊に聞くこと。

オーラ

生まれ持った星気体（アストラル体）のこと。今の肉体的、精神的状態を色や形で表現している。

オーリング

通常、「オーリング検査」の略称。手の指を利用して体の悪い部分を検査する技術。精度は非常に高く、正確であるが、使用法をよく熟知しないと判断を間違えてしまう。

お札の魂入れ（たましいいれ）
お札、石仏、人形、その他の偶像にアストラル体を装着させる技術。

【か】

返し印
特に動物霊を払うときに用いる払い。

帰り印
呼び出した霊、もしくは一時的に憑いた霊を元の場所に戻す印。

カゴメ十字・カゴメ印
動物霊を払う技術で、特に強い動物霊を払う場合に用いる。払いの技術の中でカゴメ印が一番強い。その次に強いのがカゴメ十字印である。

刀印
霊的なチリやアカを払うだけでなく、動物霊を払うときにも用いる。突き印と払いのレベルは同等である。

かぶる
病気の治療をしているときに、多く使われる表現である。すなわち、治療しているときに、患者のマイナスの気を受けてしまうことをいう。

体を持つ

霊は大別して2種類が存在し、体を持ったことのある霊と、体を持ったことのない霊とに分けられる。これは人の霊も動物霊も同様である。例えば人の霊の場合、90歳の老人が死亡すると、その霊は霊体となり、この世界での肉体はなくなる。このような霊を、体を持ったことのある霊という。動物でいうならば、稲荷神社のキツネは、ほとんどが動物となって地上で生活したことがない。このような霊を、体を持ったことのない霊という。一方で、女性がえりまきにしているキツネは、殺されて霊体となって浮遊している。このような場合のキツネを、体を持ったことのある霊という。

関与する

「霊の関与」の項へ

基準線

「幽界線」の項へ

九星気学（きゅうせいきがく）

易の種類で最も歴史が古い。世界で最も権威があり、易者の九割以上の人が九星気学を学んでいる。

行者

水行や山ごもりなどの修行を行う人。

九字印

すべての払いの中で、最も基礎となる払い。

クライアント

浄霊を依頼した人。

結界

人間の周りに一定の区域を定めること。すなわち、人間の周りにとばり、あるいは幕を作り、その幕によって悪霊、物霊などすべての霊は入ることができなくなる。その幕を結界と呼ぶ。人間の周りだけではなく、一定の土地などの区域に幕を作ることもある。

眷属（けんぞく）

動物霊のファミリーである。オス、メス以外の、子供や仲間等の一族をいい、通常3～5匹で形成している。

限定印

指定した霊だけを呼び出すために限定された空間を作る印。

偶像崇拝

像自体をあがめる場合と、像を通してその背後にあるものをあがめる場合とがある。

高級霊

特に人の霊に対していうプラスの霊のことで、影響度が高い霊をいう。

業（ごう）

カルマともいう。精神的、肉体的性質として元々生まれつき持っているもの。この中には浄霊で解決できるものもある。

古神道

現在、行われている神社を中心とした作法、行事を神道という。それより古い時代の、神武天皇以前の神道のことを古神道という。

五色（ごしき）の動物霊（五色のヘビ・五色のリュウ）

5色、すなわち白色、赤色、黄色、青色、黒色の動物霊が、5ファミリー集まって形成された動物霊の一群で、ヘビとリュウ以外存在しない。

御神策（ごしんさく）

神様が直接関与して人間に与えた言葉。

魂魄（こんぱく）

たましいとはく。

【さ】

審神（さにわ）

数千年にわたる伝統技術というべきもので、本来の意味は、どの「神様」かを見分けるものである。しかし、広義にはどの種類の霊かを見分ける技術で、人の霊か動物霊か、神様かを判断する。または判断する立場の人を指す場合もある。

審神師

霊媒師に霊を降ろして、色々話を聞きだす。

障りを起こす

「霊の障り」の項へ

三界渡し

「霊界の上げ方」の項

支度印（したくいん）

いろいろな印を切るとき、最初は切りにくいために、まず支度印を切って印を切る準備をする。すなわち、すべての印を切る前に行う印で、印を切るための用意の印。

指導霊

いろいろな目的に対して指導する役目を担う霊。例えば、仕事や魂の成長などを指導する。

初期微動
浄霊する霊を幽界へ上げる準備ができたときに起こる最初の兆候。
自己浄霊
浄霊する霊を痛みや苦しみ、あるいは、恨みなどの強い執着心から解放させ、楽な気持ちにさせる技術。
自己浄霊の気
浄霊をするときに用いる気をいう。すなわち、幽界へ上げるために、自己浄霊の気を霊に送る。
自修団
法華経と先祖供養を結び付けて展開してきたが、神道・キリスト教の影響も見られる宗教団体。
次元が上がる
仏教では、死んだ人（霊）が成仏することを意味し、浄霊の世界では、霊が明るくなって霊界に上がること。
自縛霊
土地や家に執着して留まっている霊。人の霊だけでなく、動物霊も存在する。
自分十字印
自分の周りに付着している霊的なチリやアカを払ったり、「払いのガード」と呼ばれる幕を人体に作るために用いる払い。

死霊

人間が死んだ後、その霊が霊体になったものをいう。反意語は生霊。

趣味の会

趣味の会とは、著者が主催する除霊・浄霊の勉強会である。日本全国各地で月に数回開催されている。この勉強会は除霊・浄霊を正規に順序立てて学びたい人のためにある。自分勝手の我流で除霊・浄霊を始めたり、見よう見真似で、あるいは本を見て行ったりした場合には、除霊・浄霊は、決してできる世界ではない。そんなイイカゲンな形で除霊・浄霊を始めると霊の影響を自分が受けることになる。これを通称「かぶる」ということばで表現されている。そのために、苦しんでいる人が日本全国に数多くいる。そのような災いを一切なく正式な形で教える教習所である。

宿命

仕事など人生の大きい流れの中で参加しなければいけないもの、あるいはまた、生を受けて死ぬまでに体験しなければいけないもの。

修験道

（修験摩訶の会）昭和57年に吉沢妙岳が起こした団体。真言密教を基にしている。

守護霊

人間を守る役目を担う霊。一人の人間に対して守護霊は一体である。

浄霊ピラミッド

一つの事象に対して関与している霊の集団であり、最も影響力のある霊を頂点として、ピラミッド型に配置されたもの。例えば、商売繁盛を邪魔している霊が集まった浄霊ピラミッドや、金運に関与している霊などが集まった浄霊ピラミッドなどがある。

処理

浄霊の世界で処理という場合には「霊の処理」をいう。すなわち、霊を幽界へ上げる処理を「浄霊」といい、動物霊を払いの印で場所を指定して移動させる処理を「払い」という。

真言

ことだまにかなった言葉。

除霊

別名「払い」のことをいう。霊を払いにより移動させること。

心療内科系疾患

病院で診察を受ける際に、精神科へ行くほど悪くない精神状態で、具体的には躁うつ症、自閉症などがある。

浄霊

人に憑いてマイナスの影響を与えている霊や物体を処理し、その人が二度と同じ霊の影響を受けないように、幽界へと霊を導くこと。

浄霊ドーム（トンネル）

浄霊ドームのことを、別名トンネルともいう。浄霊で霊が幽界へ上がるための道しるべとなるもの。

ステージ

浄霊者が浄霊するときに持つ「場」をいう。浄霊する霊の場を持っていなければ、その霊を呼び出すことも幽界へ上げることもできない。

物霊のステージは物霊の場を、イヌ・ネコの動物霊のステージはイヌ・ネコの動物霊の場を、先祖霊のステージは先祖霊の場を意味する。そして、物霊を浄霊するには物霊のステージを、イヌ、ネコの動物霊を浄霊するにはイヌ、ネコの動物霊のステージが必要となる。

このように、浄霊者は浄霊するためにあらゆる種類の霊のステージを持っていなければ、完全な浄霊技術を持っているといえない。また一つや2つのステージしか持たない浄霊者は、クライアントの病気の障りや運勢に悪影響している霊の浄霊を、自分の持っている数少ないステージで処理しなければならなくなるので、浄霊の効果が限定されてしまい、真の解決には至らない。

ステップ1・2・3

現在趣味の会で行われている、浄霊レベルに応じて行う浄霊方法。

ステップ1

初心者のための浄霊方法で、呼び出した霊をすべて浄霊する。

ステップ2

浄霊と払いを組み合わせた中級者向けの浄霊方法。

ステップ3

上級者向けの方法で、お伺いを利用して浄霊と払いを行う。

スミソニアンのブルー

呪いのダイヤモンドとして世界に知られているブルーダイヤ。このダイヤモンドを個人所有した者は、死に至るといわれている。

宣言

ことばによって霊の動きを制限すること。

前世

人間は何回も輪廻転生して、この世に出てくる。現界に生まれ変わる以前に生まれたときの霊体をいう。

全筋が落ちる

階段から落ちたときや、精神的ショックを受けたとき、全身の体の力が落ちてしまう状態をいう。このような状態が長く続けば、体を維持する力、すなわち手足の筋肉だけでなく、内臓の筋肉も含めたあらゆる機能が弱くなり、すべての体のバランスがくずれるために病気になりやすくなる。

先祖霊

その家の先祖の霊、あるいは、その人の先祖の霊のことを先祖霊という。先祖霊は4代前の先祖霊、5代前の先祖霊というように表現する。

【た】

他人十字印

相手の周りに付着している霊的なチリやアカを払ったり、相手の払いのガードを作る時に用いる払い。

魂入れ（たましいいれ）

霊の気を物品の中に入れること。

治療の気

病気で痛みや苦しみの中で死んだ場合に、霊体となってもそのまま患部の痛みや苦しみを持ち続けている。このため、霊を幽界へ上げるとき、特に「治療の気」と呼ばれる気を霊体に送ることで、痛みから解放させるために用いる気。例えば、胃の病気で死んだ場合には、呼び出した霊体の胃の辺りに向かって治療の気を送る。

突き印
霊的なチリやアカを払ったり、動物霊を払うときに用いる払い。
憑く
「霊が憑く」の項へ
ツチノコ
妖怪の一種で、ヌエと同じ種族である。キノコ状の形をしている。レベルの低い霊能者には見えない。
低級霊
人の霊で影響度の低い霊に対していう。
天然ガード
霊的な影響から人体を守るための、元々人が生まれながらにして持っているガード。
導師
霊の導入に携わる人。
同通現象
霊が人に憑く理由は、自分と同じような想いや感情を持っている相手だと波長が合いやすく、そばにいても居心地がよいからである。これを同通現象という。そして自分の想い（念）を、憑いた相手に送り続けることになる。

例えば、恨みの霊が、すぐに人を憎んだり恨んだりする人に同通して憑く。その結果、恨みの念により、憑いた相手にマイナスの影響を与え続けることになる。

同通する

「同通現象」へ

飛ばす

動物霊を払いの技術で飛ばすことをいう。払いで、動物霊をバットでボールを打つが如くに霊を飛ばすことになる。

動物霊

動物の霊のこと。例えばタヌキ、キツネ、リュウ、ヘビ、イヌ、ネコなどがある。

動物霊一つ

動物霊一ファミリーを意味し、通常オス、メス、眷属3～5匹で構成している。動物霊を処理するときの一単位となる。

【な】

7つの魄（はく）

魄とは人体を形成している色々な機構をいう。7つの魄は、肉体、幽体、霊体、本体、荒体（あらみたま）、和体（にぎみたま）、幸魄（さちみたま）をいう。

人間霊、人の霊
人間の霊をいう。例えば先祖霊、自縛霊などを指す。
日本の浄霊史
古来より日本では浄霊が行われてきた。その浄霊の歴史。
ヌエ
妖怪の一種といわれている。レベルの低い霊能者には見えない。風呂敷を被せて中心で吊った形をしている。すなわち富士山の形をした怪物である。
子の刻落し（ねのこくおとし）
家を建てるときに行う魔除。子の刻、すなわち午前0時に始めることから子の刻落としといわれる。
念がこもる
強い想いが物などの中に入ること。
【は】
魄（はく）
人体を形成している色々な諸機構を言う。

八方払い（はちほうばらい）

方位で区切って、家・土地を浄化するときに行う払いと浄霊をいう。家・土地に憑いている霊的なチリやアカを払うことと、その場所に留まっている霊を処理する場合の2種類がある。また、人の方位に定まった霊を処理することもいう。

払い

約二千年にわたる日本の伝統技術で、人間に影響している動物霊を「払い」と呼ばれる印の技術を使って、遠方にはじき飛ばすこと。あるいは別の場所に取り除くこと、移動させること。

払いのガード

霊的な影響から人体を守るもので、人体の1番内側にあるオーラの外側に、自分十字印や病気印で作り上げるガード。

払いの失敗

動物霊を払いで完全に指定した場所へ、払いきれなかった状態をいう。

払いの成功

動物霊を払いで完全に指定した場所へ飛ばすこと。

払いで飛ばない

動物霊を払いで完全に指定した場所へ飛ばすことができない場合、すなわち、払いで完全に処理できないことをいう。これは浄霊師の払いの技術レベルが低い場合や、影響力が非常に強い動物霊の場合などで起きる。

払いをかわす

動物霊が払いから逃れること。

憑依（ひょうい）

動物霊や死霊が人に乗移ること。

憑依する（ひょういする）

「霊が憑く」と同意語。

憑依霊（ひょういれい）

広義では、その人の周りに憑いて影響を与えているすべての霊、すなわち、先祖霊、自縛霊、生霊、動物霊などの霊を包括した表現。

狭義では、その人の周りに憑いて影響を与えているすべての霊のうち、先祖霊、自縛霊、生霊以外の霊を指し、一時的に憑いた霊も含まれる。

病気印

人体の周りの霊的なチリやアカを払ったり、払いのガードを作るための払いの技術。

病気のピラミッド

病気に影響を与えている霊の集団。

封じ込め

人間に災いしている霊、憑依している霊を「つぼ」のような容器の中に封じ込める技術で、医療がなかった時代に悪霊を封じ込めることによって病気を治したりした。

物霊

物に宿っている霊をいう。生前の持主にとって、非常に愛着があった物や執着していた物、例えば刀、石、指輪、箪笥などに宿る。

フレーズ

浄霊したい霊を呼び出すためのことば。または、霊を特定するときに用いることば。

分霊

「霊の分割」の項へ

戸次（べつき）

＝戸次貞夫。大日本敬神崇祖自修団を起こした人。法華経に神道、キリスト教を加えた教えを展開する。

方位払い（ほういばらい）

「八方払い」の項へ

【ま】

マントラ

特定のことばを唱えることによって目的を達成することができる、あるいは特定の力を持つことができる。このようなことばをマントラという。

元霊

「霊の分割」の項へ

水子

生まれる前に亡くなった子供の霊。

【や】

幽界

浄霊には、2つの処理段階がある。第一段階が幽界処理で、第2段階が霊界処理である。宗教でいわれる幽界、霊界とは意味が異なる。第一段階は霊を幽界へ上げることをいい、第2段階の処理を目指して、浄霊者は訓練を重ねる。

幽界線

「境界線」とも呼ばれ、霊が幽界へ上がったかどうか、もしくは、霊界へ上がったかどうかの浄霊の基準となる線。それぞれの基準線は、「幽界線」、あるいは「霊界線」という。

幽界へ上げる

霊が再び現界に影響を及ぼさないように安全圏、すなわち幽界へ導くこと。

幽界への上げ方

霊を幽界へ上げるために用いる技術。

幽界の境界線

「幽界線」の項へ

幽界と霊界の中間線

幽界と霊界の中間の段階。この中間線より上の次元へ霊を導くことができれば、2度と霊は現界へ落ちることはない。

幽体離脱

魂、いわゆる精神が肉体から離れること。

呼び印

浄霊する霊を限定印の中に呼び出すときに用いる印。

呼び込み現象

浄霊する霊とは全く関係のない霊を呼び込んでしまうこと。

【ら】

立正佼成会（りっしょうこうせいかい）

昭和13年に長沼政が霊友会から脱退して結成した団体。

輪廻転生（りんねてんしょう）

何度も生まれ変わることをいう。

霊

人間、あるいは、動物などの目に見えない体、あるいは物体。

霊界への上げ方

「三界渡し」とも呼ばれ、人の霊を上げるとき、現界から幽界へ、幽界から霊界へと三界をまたぎ、より高い段階（次元）へと上げるための技術。

霊界線

霊が霊界へ上がったかどうかの基準となる線。

霊が落ちる

浄霊した霊が幽界から再び現界へ落ちて、クライアントに戻ってくること。

霊が憑依する

霊が人に乗移って留まっている状態。その霊に憑依された人は通常の生活の中で、常にその霊の影響を受けていることになる。

霊が憑く

「霊が憑依する」と同意語。

霊座の型

「位置の確認」とも呼ばれ、浄霊した霊が幽界へ上がったかどうかを確認する技術。

霊視

霊を見る目のこと。普通一般の人には霊が見えない。霊が見える人のことを霊能者といい、霊を見る目を霊視という。

霊処理

払いや浄霊により霊の影響力を外すこと。

霊体

霊に理性の方向性を持った表現形態。

霊的なチリやアカ

生活することで生じて、人体の周りや、家や土地に付着する霊的なチリやアカ。

霊動現象

動物霊の波動により、勝手に手が動いたりするような現象。

霊能者

霊の見える人、存在を感じる人、声を聞こえる人を総称して霊能者という。霊能者には下から上まで段階がある。わずかに見える人から完全に見える人まで差が大きい。ほとんどの人がわずかにしか見えない霊能者で、全体の99パーセントを占める。完全に見える人は、日本には五人もいないのではないかといわれている。

霊の返り

払いや浄霊で完全に処理できなかった霊からの影響を再び受けること。

霊の関与

「霊の障り」と同意語。

霊の障り

霊が人に憑くことで、その人の特定の運勢にマイナスの影響を与えること。例えば、病気になるとか、商売運が下がるなど。

霊の種類

霊は人間霊、動物霊、物霊の3種類に分けられる。

霊の特定

浄霊する目的に合った霊をことばによって指定すること。

霊の波動

霊が送る念、あるいは霊の影響をいう。

霊の分割

いくつにでも同時に分割できる霊の性質。その性質を持つ代表例が、家・土地に住み憑いている自縛霊である。家・土地に憑いている霊を「元霊」といい、元霊から分割して住人に憑いた霊を「分霊」という。

霊媒

浄霊の際に霊を体にやどすこと。

霊媒師

霊に体を貸す役目の人。

霊媒体質

霊的な影響から、人体を守るためのガードやオーラが弱くなり、常に霊的な影響を受けやすくなっている状態をいう。

霊友会

大正19年に久保角太郎が起こした団体。教義は法華経を基にしている。

霊を上げる

霊を浄霊すること。

霊を超える

憑いた霊からのマイナスの影響力を受けなくなった状態。

レフレシア

東南アジアの森林に咲く、世界最大の花といわれる。その直径は一メートル以上で、最大3メートルといわれている。

連鎖法

ＡＳＴ気功で用いる技法の1つで、患部のマイナスの気に働きかける治療の気と同時に、その病気の本質に影響している霊に対して気を送り治療するもの。

著者
本木　松明（もとき　しょうめい）

除霊と浄霊・日本の様々な浄霊

2007年6月21日　第１版第１刷発行

発売元　株式会社　星雲社
〒101-0012 東京都文京区大塚3-21-10
電話 03-3947-1021　FAX 03-3947-1617
発　行　ふじやま出版会
〒436-0004 静岡県掛川市八坂2387
電話 0537-27-1875　FAX 0537-27-1870
印刷・製本所　中部印刷株式会社

落丁・乱丁本はお取替えいたします。

ISBN 978-4-434-10474-9